AF474251

ÉTUDES BIOGRAPHIQUES

SUR

MONSEIGNEUR MARTIAL

Evêque de Saint-Brieuc et Tréguier,

PAR

J.-M. POULAIN-CORBION,

LICENCIÉ ÈS-LETTRES, AVOCAT.

Dilectus Deo et hominibus... cujus memoria in benedictione est.

ECCLI. XLV. 1.

SAINT-BRIEUC,

L. PRUD'HOMME, IMPRIMEUR-LIBRAIRE. — 1862.

A Son Eminence

MONSEIGNEUR FERDINAND DONNET,

CARDINAL-PRÊTRE DE LA SAINTE ÉGLISE ROMAINE, ARCHEVÊQUE DE BORDEAUX, PRIMAT D'AQUITAINE, SÉNATEUR DE L'EMPIRE, ETC., ETC.

EMINENCE,

Le Pasteur si regretté dont ces imparfaites études essaient de retracer la vie, a été formé à votre école: il a vécu pendant vingt ans à vos côtés; il a partagé vos travaux, vos douleurs et vos joies; vous étiez l'objet de son affection la plus tendre et de sa plus profonde vénération. Quand il fut envoyé par la Providence à nos rivages armoricains, il laissait sur le siége primatial d'une province antique, son ami, son père et son modèle : mais bientôt VOTRE EMINENCE voulut, dans un pélerinage dont nos annales garderont mémoire, suivre les traces séculaires des dévots Bretons, et honorer, par sa présence, et l'Evêque et l'Eglise de Saint-Brieuc.

Maintenant que cette vie si pure et si dévouée s'est éteinte à notre service, il est juste, MONSEIGNEUR, que le récit des œuvres de celui qui venait de vous, soit offert à VOTRE EMINENCE. Qu'Elle daigne en agréer l'hommage, quelqu'indigne qu'il soit de l'illustre Pontife qui préside aux destinées de l'Eglise de Bordeaux, quelqu'indigne qu'il soit aussi des vertus et des mérites de l'Evêque que nous pleurons.

Veuillez agréer, MONSEIGNEUR, l'assurance du profond respect avec lequel,

J'ai l'honneur d'être,

DE VOTRE EMINENCE,

Le très-humble et très-obéissant serviteur,

J.-M. POULAIN-CORBION.

Saint-Brieuc, 28 février 1862.

Mgr MARTIAL,

Evêque de Saint-Brieuc et Tréguier.

CHAPITRE PREMIER.

O quam pulchra est casta generatio cum claritate ! Sap. IV. 1.

L'enfance des Saints. — Naissance de Guillaume-Elisée Martial. — Une Mère. — Education chrétienne. — Les Jésuites. — Révélation. — Collége Stanislas. — Dupuch et Martial. — Maladie. — Une vocation. — Sacerdoce.

L'Ecriture sainte nous apprend que l'enfant habitué dès le berceau à marcher dans la voie qui lui est tracée, en dévie rarement pendant le cours de sa carrière, et, lorsque les neiges de l'âge viennent blanchir son front, il se retrouve encore dans les sentiers qu'on lui frayait au début de la vie (1). C'est une remarque aussi faite par tous ceux qui ont étudié la vie des âmes saintes : il semble que Dieu, qui les destinait à son service et à sa gloire, les ait entourées, dès le premier âge, de ses grâces de choix et de ses faveurs de prédilection. Les grandes œuvres que les privilégiés de la Providence doivent accomplir un jour pour le salut des âmes, semblent annoncées par leurs vertus précoces : ils ont comme le pressentiment de leurs pieuses destinées, et ils en préparent à l'avance l'accomplissement sous l'œil de Dieu et sous la direction chrétienne de la famille. Tel apparaît, dès l'enfance, le vénérable Evêque enlevé au diocèse de Saint-Brieuc par une mort prématurée : il sera intéressant, pour ceux qui ont été les heureux témoins de son rapide passage au milieu de nous, de connaître au moins quelque chose des premières années d'une vie qui s'est éteinte à notre service.

Guillaume-Elisée MARTIAL naquit à Bordeaux, sur la paroisse Saint-Louis, le 4 novembre 1796. Son père occupait une haute position dans le

(1) *Adolescens juxta viam suam, etiam cum senuerit, non recedet ab ea.* Prov. XXII. 6.

commerce. Sa mère appartenait à une famille de l'Agenais, riche et fort considérée. « Bonne, pieuse mère, dit un de ses panégyristes (1), dont le souvenir embaumait encore l'âme de Mgr Martial aux derniers jours de sa vie. « Je » ne me souviens pas, disait-il à quelqu'un qui » m'entend, je ne me souviens pas qu'elle m'ait » jamais adressé la parole de la reine Blanche; » mais elle m'inspirait une telle horreur du » péché mortel, que la mort m'aurait été moins » affreuse. » C'est elle qui lui apprit à connaître Jésus-Christ, et qui le façonna au service de cet adorable Maître, le seul dont le joug soit doux et le fardeau léger. » Ainsi, à l'heure où la Révolution, pour quelques jours victorieuse, imposait silence à la parole du prêtre, une mère chrétienne préparait, par ses leçons et ses exemples, la jeune âme de son enfant à la vocation sublime à laquelle elle était appelée.

Le jeune Guillaume-Elisée, à cette douce école, devait acquérir les trésors de la vertu et de la piété : il n'est tel que l'enseignement de la famille, il n'est tel que les exemples do-

(1) Les passages guillemetés dans ce chapitre sont extraits de l'Oraison funèbre du Prélat prononcée, à Bordeaux, par M. l'abbé Laprie.

mestiques, surtout quand celui qui reçoit cet enseignement, quand celui qui est instruit par ces exemples, sait y correspondre par les heureux dons d'une bonne nature. Au dire de ses contemporains et de ses compatriotes, Guillaume-Elisée Martial était digne des grâces dont Dieu favorisait sa tendre enfance ; et ceux qui ont connu et admiré dans l'Evêque ce mélange charmant de candeur, de simplicité et d'ardeur, ne s'étonneront pas de la manière dont le dépeint, au premier âge, l'orateur qui prononçait naguère solennellement son éloge funèbre à Bordeaux : « A sept ans, dit M. Laprie, Guillaume-Elisée était un ange de piété ; et dès lors se montrèrent en lui ces deux choses qui formèrent plus tard son caractère propre : une nature bouillante, enveloppée dans les délicatesses d'une conscience qui craint tout (1). »

Lorsque Guillaume-Elisée fut arrivé à l'âge où l'enfant doit être initié aux lettres humaines, sa famille, désireuse de conserver en lui les saintes dispositions qu'elle y avait soigneusement semées, le confia aux Jésuites, qui avaient une maison à Bordeaux, et qui, à cette époque de restauration religieuse et morale, étaient

(1) *Oraison funèbre*, p. 9.

connus sous le nom de Pères de la Foi. De l'aveu de ses ennemis eux-mêmes, la Compagnie de Jésus est habile à former des hommes ; et, les catholiques se plaisent à le reconnaître, elle fait plus que cela, elle est habile à former des saints. Le jeune Martial, sous la direction de ces savants maîtres, fit de bonnes études classiques : c'est un beau résultat des années de collége ; mais on doit le déplorer, s'il n'est acquis qu'au prix inestimable de la perte de la foi et des mœurs, ces deux choses véritablement essentielles au bonheur présent et au bonheur à venir. Guillaume-Elisée était, sous ce rapport, l'objet de l'admiration de ses maîtres et de ses condisciples.

« Sur son front de quinze ans, tous admiraient cette couronne fragile, hélas ! mais déjà vénérable, *veneranda fragilitas*, dit saint Cyprien ; cette couronne, la plus belle, la plus précieuse, la plus touchante qui puisse orner un front de cet âge, et qui se nomme l'innocence. Sans savoir qu'il la portait, Guillaume-Elisée la conservait avec une rare jalousie. Il fut obligé un jour de suivre au théâtre quelqu'un qui avait autorité sur lui. « Je trompai » mon monde, racontait-il plus tard en rappe- » lant ce petit événement de son adolescence ;

» je trompai mon monde : j'étais tourné du
» côté de la scène, comme tous les specta-
» teurs, les yeux bien ouverts ; mais je fixai
» constamment le haut des décors et je ne vis
» rien de ce qui se passait plus bas (1). »

C'est pendant cette période de sa jeunesse que Guillaume-Elisée Martial entendit, dans le secret de son cœur, la voix de Dieu qui l'appelait au sacerdoce. Il avait trois sœurs, mais il était le seul fils de la famille, il était le seul représentant d'un nom honorable, et son père aurait vivement désiré qu'il restât dans le monde pour continuer l'honneur du nom de la famille. Guillaume-Elisée, témoin du zèle de ses maîtres, avait un instant désiré, en entrant dans leur société célèbre, y dépenser, pour le bien des âmes, l'ardeur qui le dévorait ; mais la prudente opposition de sa famille l'avait empêché d'exécuter son pieux dessein. Prudente opposition, disons-nous, car la vocation au plus saint des états est chose assez sérieuse pour que les premiers attraits d'une imagination de jeune homme ne suffisent pas pour la déclarer irrévocable. Dieu sait prendre les siens où il veut : et quand une famille chrétienne modère

(1) *Oraison funèbre*, p. 10.

le zèle, qui lui paraît prématuré, d'un de ses enfants, s'il est véritablement appelé, bientôt la volonté de Dieu se manifestera avec tant d'évidence qu'elle ne pourra plus lui résister.

C'est ce qui arriva pour Guillaume Martial. Mais il est intéressant de saisir le moment précis et aussi la manière dont se révéla sa vocation. Son éloquent panégyriste, M. Laprie, à qui nous empruntons tant de détails précieux, nous l'apprend dans le discours déjà cité et que nous citerons encore : « Le 16 juin 1813, dit l'orateur, Guillaume-Elisée passait devant la porte de cette cathédrale ; il entre pour prier ; une foule considérable remplissait la nef, et une partie de la nef était tendue de noir. Etonné, il demande ce que c'est, ce qu'il y a. — « C'est un saint prêtre qui est mort, » lui répond-on... on enterrait M. l'abbé Lacroix.— Mêlé à l'assistance, Guillaume-Elisée contemplait la triste cérémonie ; lorsqu'elle toucha à sa fin, celui qui y présidait prononça quelques mots d'éloge funèbre : « ... C'est un saint prêtre qui s'en va, disait l'orateur, et Dieu a tant besoin de prêtres ! Priez *le Maître de la moisson pour qu'il envoie des ouvriers.* » Quelques minutes après, on aurait pu voir, dans un coin de la chapelle du Sacré-Cœur (alors dédiée à la Très-Sainte Vierge), un jeune homme agenouillé, les mains jointes, les yeux baissés, et s'entretenant avec Dieu : « Mon Dieu, disait-il, vous manquez donc de prêtres ? Ah ! si vous me vouliez... » A peine a-t-il prononcé ces mots dans son âme, qu'un frisson parcourt tous ses membres ; quelque chose, sinon quelqu'un, lui a répondu : « Oui, Dieu veut que tu sois prêtre. » Ce jeune homme, c'était notre Guillaume-Elisée. Sa vocation vient de lui apparaître, et il est déjà décidé à la suivre, quoi qu'il en coûte — moment providentiel dans cette pure existence ! (1) »

A l'issue de ses études classiques, le jeune Martial fut envoyé à Paris pour y faire son droit. Mais sa famille, malgré la confiance qu'elle pouvait avoir en la fermeté de sa foi, en la noblesse de ses sentiments, voulut le mettre néanmoins à l'abri des séductions qu'offre toujours au jeune homme le séjour d'une grande ville. Elle le plaça au collége Stanislas, institution catholique renommée, où se donnaient alors rendez-vous les fils des premières familles de France : l'abbé Liautard, si connu dans les annales de l'éducation chrétienne, dirigeait

(1) *Oraison funèbre*, p. 10 et 11.

alors cette institution. Plusieurs des anciens condisciples du jeune Martial, qui habitent nos régions, se rappellent encore comment l'étudiant en droit conciliait les pratiques de la dévotion la plus tendre avec les devoirs de son état et les convenances sociales. Parmi ces jeunes gens, qui tous l'aimaient et qu'il aimait tous, Guillaume Martial, fidèle au conseil de l'Ecriture, avait choisi un ami et un conseiller (1) : c'était un compatriote, un cœur aimant comme le sien, un saint comme lui, c'était Dupuch, celui qui devint plus tard Mgr Dupuch, qui planta sur la terre africaine l'étendard de la croix à côté du drapeau français, Mgr Dupuch, le premier évêque d'Alger, l'évêque généreux, l'évêque dévoué, qui se donna tout entier à son œuvre, et qui vint mourir à l'ombre du foyer natal, quand les ressources firent défaut à sa charité sans bornes.

Martial et Dupuch étaient dignes l'un de l'autre. « Ils s'aimaient tendrement, ils vivaient à deux, plutôt frères qu'amis, et les heures que leur laissaient les devoirs de l'étudiant, ils les consacraient ensemble à cet apostolat laïque que les Conférences de Saint-Vincent-de-Paul

(1) *Multi pacifici sint tibi, et consiliarius sit tibi unus de mille.* Eccli. VI. 6.

ont depuis rendu, tout à la fois, vulgaire et illustre. La douceur de cette amitié n'empêchait pas cependant que, plus d'une fois, le front de Martial, ce front à qui la joie allait si bien, ne parût triste et soucieux.—Dupuch savait la cause de cette tristesse, et il s'en alarmait. Son ami n'allait-il pas tomber malade?... pressentiment bientôt justifié.

» Un jour, en effet, le voilà sur le lit, brûlé par la fièvre. Dupuch veille nuit et jour : le danger augmente. Dans un moment de calme, Martial prie Dupuch de prendre la plume, et il dicte ces mots, pour celui qu'en ce monde il respectait plus que tout, après Dieu : « Cher père, je sens que je suis bien mal; vous seul pouvez me guérir. Dites que vous me permettez d'être prêtre : cette parole me rendra la vie. » La permission arriva par le retour du courrier. Quelques mois après, Guillaume-Elisée étudiait la théologie au Grand-Séminaire de Bordeaux. Enfin, le 16 juin 1821, c'est-à-dire, huit ans, jour pour jour, après les funérailles de l'abbé Lacroix et la prière faite dans la chapelle du Sacré-Cœur, Mgr d'Aviau, de sainte mémoire, étendait ses mains sur la tête du diacre Martial; le diacre se releva prêtre (1). »

(1) *Oraison funèbre*, p. 11.

CHAPITRE II.

Da mihi animas, cætera tolle tibi.
GEN. XIV. 21.

Le Petit-Séminaire. — Mgr de Cheverus. — L'abbé Martial, curé de Saint-Pierre. — Logements des Pauvres. — Mgr Donnet. — *Suaviter et fortiter*. — L'abbé Martial, vicaire-général. — Ses Travaux. — Visites Pastorales. — Les Ursulines. — Les Dames de la Mission. — Deux futurs Evêques de Saint-Brieuc. — L'Episcopat. — Hésitations. — La vieillesse des dieux.

Les vœux du pieux jeune homme étaient enfin accomplis ; l'huile sainte avait consacré ces mains qui s'étaient tant de fois élevées vers Dieu pour prier et qui devaient, un jour, se lever sur le peuple pour bénir. L'abbé Martial allait enfin pouvoir travailler activement à la mission que son enfance avait rêvée, que son adolescence avait désirée et que sa jeunesse embrassait avec ardeur. Mgr Du Bois d'Aviau de Sanzay, archevêque de Bordeaux, l'appela, presque aussitôt après qu'il eut reçu la prêtrise, et après un vicariat de quelques mois à Libourne, aux fonctions de directeur-professeur au Petit-Séminaire diocésain, où il ne tarda pas à prendre le titre de préfet des études. Mgr de Cheverus, digne appréciateur de son mérite, lui conféra, en 1828, la mosette de chanoine honoraire. Ainsi, l'abbé Martial débuta dans le service de l'Eglise par l'enseignement et l'éducation de la jeunesse, et surtout de cette portion de la jeunesse qui s'élève à l'ombre de l'autel pour perpétuer la race sacerdotale.

Comment s'acquitta-t-il de ces fonctions, modestes peut-être, s'il est une fonction modeste au service de Dieu, mais toujours pénibles et méritoires ? Laissons parler encore son panégyriste :

« En ces jours-là, la tribu lévitique campait pauvrement et héroïquement à Bazas, sous la conduite d'un prêtre que la plupart d'entre nous ont appelé leur père, *Filii viri unius sumus* (1). Ce prêtre avait rencontré l'abbé Martial, et l'ayant regardé, il l'avait deviné,

(1) Gen. XLII. 11.

et l'ayant deviné, il l'avait aimé. L'abbé Martial sera l'homme de sa droite. Le Séminaire de Bazas est transporté à Bordeaux : et les voilà tous deux, l'abbé Lacombe et l'abbé Martial, travaillant à élever la jeunesse du sanctuaire avec un zèle qu'aucun obstacle n'arrête, qu'aucune fatigue ne lasse, qu'aucune ingratitude ne déconcerte. L'abbé Martial passa treize années consécutives auprès de M. Lacombe, au Petit-Séminaire. Treize années de labeur ; il était partout, il se prêtait à tout. Le premier levé et le dernier à prendre le repos de la nuit. La nuit elle-même, que de fois il la passait debout dans les dortoirs, comme une sentinelle sous les armes. Treize années de labeur, treize années d'enthousiasme aussi. L'abbé Martial aimait le bien avec passion, et le faisait aimer de même. Son sourire, sa parole, la belle générosité de son âme, qui semblait éclater dans ses regards, dans ses gestes, dans sa démarche, tout contribuait à le rendre sympathique à la jeunesse. On se souvient encore, après un si long intervalle, de l'impression que laissaient dans les âmes ses entretiens spirituels (1). »

Mgr de Cheverus avait remplacé, en 1826,

(1) *Oraison funèbre*, p. 17.

Mgr d'Aviau sur le siège archiépiscopal de Bordeaux : cet illustre Prélat, dont la mémoire est en vénération, aujourd'hui encore, dans la France entière, visitait souvent son Petit-Séminaire (1), et, doué de ce tact exquis ordinaire aux saints, il dut apprécier bien vite les qualités remarquables qui distinguaient l'abbé Martial. En juillet 1835, l'abbé Martial dut quitter la maison d'éducation qui lui était si chère et où il faisait tant de bien, pour occuper, dans la ville métropolitaine, un poste important. Mgr de Cheverus, en l'appelant à Saint-Pierre de Bordeaux, disait avec sa grâce habituelle : « Il paissait mes agneaux du Petit-Séminaire, je lui confie avec bonheur mes brebis de Saint-Pierre. » Le saint Pontife aurait pu ajouter, avec l'Apôtre : « Je sais à qui j'ai confié ce précieux dépôt : *Scio cui credidi* (2). »

L'abbé Martial déploya, comme curé de Saint-Pierre, le zèle, l'activité, l'ardente charité dont il avait consacré les prémices aux jeunes élèves du sanctuaire. Mais le curé est en rap-

(1) *Vie du Cardinal de Cheverus*, par M. Hamon., p. 231, édit. 1858.

(2) II. Tim. I. 12.

port plus direct avec les différentes classes de la population que le directeur d'un établissement d'instruction : il est en contact quotidien avec le monde et ses misères de tout genre, avec les riches dont il doit réchauffer l'âme souvent glacée, avec les pauvres dont il est appelé à soulager l'indigence, avec les impies qui le coudoient dans toutes les circonstances de la vie, avec les indifférents qui pullulent dans nos grandes villes, avec ces pieux fidèles qu'un mot du pasteur excite aux œuvres les plus parfaites de la dévotion et de la charité. Comme le disait naguère un éloquent Evêque (1), la position du curé est quelque chose de surnaturel : c'est une magistrature paternelle qui s'exerce avec une autorité divine et qui permet d'accomplir, au milieu des devoirs obscurs et méritoires, de merveilleuses œuvres de zèle et de bien.

Le ministère de la confession, c'est le grand instrument de salut pour les âmes : sans parler de la grâce du Sacrement auquel prépare la confession, est-ce que cette confiance sans bornes de celui qui avoue, et ces conseils réi-

(1) Mgr Sergent, évêque de Quimper, dans l'éloge funèbre de Mgr Martial.

térés et toujours amis du confident sacré, ne relèvent pas et ne sauraient fortifier l'âme la plus faible? Mais ministère à la fois pénible et consolant pour le prêtre : pénible pour le prêtre surtout qui aurait le malheur d'écouter la voix de la nature, pour le prêtre qui aimerait trop ses aises et que Dieu, à cause de cet amour exagéré de soi-même, priverait des consolations qu'offre journellement, à la charité sacerdotale, ce ministère de miséricorde. L'abbé Martial, curé de Saint-Pierre, ne connut pas cette recherche de lui-même ; il se dépensait tout entier pour les âmes (1). Il pratiquait ce grand art de la direction, qu'un saint docteur appelle l'art par excellence (2). « Passer au tribunal sacré six ou sept heures de suite, c'était pour lui chose ordinaire, et quand il en sortait, c'était, le plus souvent, pour s'occuper des pauvres (3). »

Cette bonté de cœur, qui caractérisait l'abbé Martial, devait, dès le début de son apostolat, se répandre en bienfaits sur ceux qui souf-

(1) ... *Superimpendar ipse pro animabus vestris.* — II. Cor. xii. 15.

(2) *Ars artium regimen animarum.*

(3) Laprie. — *Oraison funèbre*, p. 19.

frent : Dieu lui avait aussi donné, par la fortune, le moyen de céder aux entraînements généreux de sa charité sans bornes. Curé de Saint-Pierre, il fut l'homme des pauvres, et parmi les œuvres dont il s'occupa avec activité, dans leur intérêt, il faut mentionner l'œuvre des logements. Il pouvait s'en occuper à bon escient, car dès le début de son installation, accompagné d'un vicaire, il avait visité toutes les familles de sa paroisse, les plus humbles comme les plus riches, pénétrant dans toutes les chambres et les mansardes qui pouvaient offrir un gîte à quelque paroissien inconnu, dont l'âme avait, pour le bon Curé, plus de prix que tous les biens de la terre. Un logement propre, sain, aéré, confortable, est un des grands biens de l'existence. Souvent, presque toujours, par négligence même et par insouciance, le pauvre entretient mal le misérable abri où il se réfugie : il n'y laisse point entrer l'air vivifiant, il en éloigne la propreté qui en réjouirait l'indigence, et, le plus souvent, il n'a pour passer la nuit qu'un ignoble taudis, infect et malsain, dont il paye mal le chétif loyer et qui ne mérite pas qu'on le répare. Aussi le pauvre ne se plaît pas chez lui : faites-le s'y plaire, faites qu'il aime l'habitation où il doit passer sa vie, et à l'amour du foyer succédera l'amour de la famille, l'amour du travail, la joie de ce bien-être matériel, modeste, mais essentiel pour le développement et l'entretien de la moralité.

Dans sa charité, aussi intelligente que dévouée, le Curé de Saint-Pierre avait entrepris dans sa paroisse cette œuvre si utile du logement des pauvres : il en était l'âme et le soutien. Mais l'activité de son zèle devait bientôt s'exercer au profit d'un plus grand nombre et sur un plus vaste théâtre. En 1836, le cardinal de Cheverus terminait, par la mort des saints, une carrière remplie d'œuvres dont le souvenir est vivant encore dans les deux mondes; et sur le siège primatial de l'Aquitaine était élevé un Prélat qui, jeune encore, avait déjà fait ses preuves dans l'Eglise de Dieu : c'était Mgr Ferdinand Donnet, évêque de Rose et coadjuteur de Nancy et de Toul. Ce Pontife, qui devait un jour aussi revêtir la pourpre romaine, devenait archevêque de Bordeaux à l'âge de quarante et un ans : il apportait au service de ce vaste archidiocèse, avec des talents remarquables, un esprit de charité et de douceur qui se traduisait dans sa parole, pleine d'aménité, d'onction et d'éloquence. Il devait, dans sa vie épiscopale, dont aujourd'hui vingt-cinq ans n'ont pas épuisé la sève généreuse, réaliser l'idéal de la sagesse divine : *Suaviter et fortiter* (1).

A peine Mgr Donnet eut-il vu le Curé de Saint-Pierre à l'œuvre, qu'il comprit combien ce prêtre infatigable pouvait se rendre utile à l'administration diocésaine : il éprouva le besoin de lui faire partager le poids de sa sollicitude pastorale, et, le 21 juillet 1838, il le nomma vicaire-général de Bordeaux. L'abbé Martial ne devait quitter ce poste de confiance que vingt ans plus tard, pour devenir évêque de Saint-Brieuc ; mais le départ du Curé de Saint-Pierre fut le signal, dans cette paroisse, qu'il évangélisait depuis trois années seulement, d'un deuil universel. Les pauvres surtout, ses amis privilégiés, exprimèrent hautement leurs regrets et leur douleur : mais, dans les fonctions plus élevées où l'appelait la Providence, l'abbé Martial ne devait pas les oublier. On sait combien sont nombreux, importants et délicats, les détails de l'administration d'un diocèse. L'abbé Martial convenait à cette tâche : il y suffisait, et, grâce à son

(1) Sap. VIII. 1.

aptitude pour le travail, il trouvait moyen encore de se répandre au-dehors par la prédication, par la confession, par la direction de communautés religieuses et d'institutions charitables.

Il avait l'habitude de se lever chaque jour à quatre heures; il préludait au labeur quotidien par la piété d'une fervente méditation, par la célébration matinale du saint Sacrifice; puis, il était tout entier à son devoir. Correspondance multiple avec le clergé, avec les fidèles, avec la cour de Rome, avec l'autorité civile; visites et réceptions continuelles, voyages dans le diocèse et hors du diocèse, cérémonies religieuses, réunions officielles: telles sont, en résumé, les occupations ordinaires du vicaire-général. Je ne parle pas de la direction qu'il est souvent appelé à donner aux membres du clergé, de la surveillance qu'il doit exercer sur l'enseignement chrétien au nom de l'évêque, des difficultés qui surviennent et à l'occasion desquelles il est le conseiller naturel et quelquefois l'arbitre des décisions du pontife. Tâche multiple, tâche lourde, responsabilité immense qui exige autant de prudence que d'ardeur, une discrétion à toute épreuve et une patience que rien n'altère.

Mais l'abbé Martial, vicaire-général de Mgr Donnet, ne se bornait pas aux fonctions administratives de sa charge. Il s'occupait, avec autant de zèle que dans sa paroisse de Saint-Pierre, du ministère de la confession : il confessait, non-seulement à Bordeaux, mais dans tout le diocèse. Il accompagnait son Archevêque dans ses visites pastorales; il donnait avec l'éminent Prélat des retraites et des missions : Blaye, Bazas, Libourne, Langon, Pauillac, et vingt autres contrées, en garderont le souvenir. Mgr Donnet faisait entendre du haut de la chaire sa parole entraînante, et l'abbé Martial passait ses nuits au confessionnal, à entretenir et à fortifier les bonnes pensées que le Pontife avait fait surgir dans les âmes. Noble et merveilleuse destinée que celle des hommes qui se consacrent ainsi tout entiers à l'amélioration morale de leurs semblables, au bonheur présent et à venir de leurs frères dans la foi!

Les communautés religieuses, ces pieux asiles où l'innocence va s'abriter contre les dangers du monde, où la charité se rassemble pour répandre ses bienfaits sur l'humanité, étaient un des plus chers objets de la tendresse et de la sollicitude de l'Archevêque de Bordeaux : il en confia le soin à l'abbé Martial, qui, dès 1830, devint supérieur des Ursulines. Les Filles de sainte Ursule et de sainte Angèle possèdent trois maisons dans le diocèse, à Bordeaux, à Bazas et à Langon : elles se consacrent à la prière et à l'enseignement ; elles ont des pensionnats renommés, elles donnent l'instruction gratuite aux pauvres. L'abbé Martial célébrait ordinairement la Messe tous les dimanches à la chapelle des Ursulines de Bordeaux, et il adressait aux Religieuses et aux élèves une instruction hebdomadaire sur les devoirs de leur saint état. Sa profonde piété se révélait dans ses paroles touchantes et affectueuses : elle se révélait, chaque fête de la Pentecôte, par l'ardeur avec laquelle il récitait, avec la Communauté, le *Veni, Creator Spiritus ;* elle se révélait surtout à sa prédication annuelle de la nuit de Noël, quand il venait, au milieu de sa famille angélique, saluer dans son berceau le Roi éternel des siècles.

L'abbé Martial s'occupait, avec la sollicitude d'une mère, de tout ce qui concernait l'avancement des jeunes pensionnaires dans l'instruction, et surtout dans la piété : rien ne lui échappait. L'année qui précéda sa nomination à l'évêché de Saint-Brieuc, il avait établi, dans l'intérieur de la Communauté, la procession du Saint-Sacrement ; et les pieuses Ursulines conservent au fond de leurs âmes le souvenir de l'allocution si pénétrante qu'il leur adressa après avoir présidé cette auguste et magnifique cérémonie.

Les Religieuses de Notre-Dame, les Dames de Marie-Térèse, qui s'occupent aussi de l'instruction de la jeunesse, étaient aussi confiées à la direction de M. Martial; mais il était plus porté, s'il est possible, à présider aux détails de l'administration des Sœurs de la Doctrine Chrétienne, qui s'adressent plus spécialement aux classes pauvres, et qui dirigent des ateliers où les jeunes filles se préparent, sous une tutélaire protection, à exercer un jour une profession qui les fasse vivre honnêtement. L'abbé Martial était bien l'homme de toutes ces œuvres : il en dirigeait une autre, l'Association des Dames de la Mission, pieuse réunion de dames du monde qui s'occupaient en commun d'exercices religieux et d'œuvres de charité et de miséricorde. D'après les statuts, une retraite particulière pour les membres de l'Association était prêchée annuellement à l'église Saint-André ; l'abbé Martial, qui faisait les instructions ordinaires aux pieuses associées, invitait ordinairement un prédicateur étranger à annoncer la parole sainte à la retraite annuelle. Quelques années avant qu'il cessât ses fonctions à Bordeaux, M. Martial avait appelé, pour prêcher ces pieux exercices, un missionnaire dont la parole éloquente et persuasive était en renommée dans tout le midi de la France. C'était M. l'abbé David, de la maison des Chartreux de Lyon : cet éminent orateur devait devenir, peu après, vicaire-général de Mgr l'Evêque de Valence. Mais, en ce moment, la Providence rapprochait deux hommes qui devaient tous les deux s'asseoir sur le siége épiscopal de Saint-Brieuc, en Bretagne, et ni l'un ni l'autre ne pouvait, certes, prévoir cette coïncidence de leurs destinées.

Nous ne ferons que mentionner l'œuvre des pauvres Eglises et de Sainte-Monique, l'œuvre des jeunes Economes, qui, dirigées par Mgr Dupuch, puis par Mgr de Langalerie, étaient échues aussi en partage à l'abbé Martial. Tant de labeurs profitables au salut des âmes, tant d'activité si utilement dépensée, un nom populaire, une affabilité conciliante, une réputation fondée sur tant de solides vertus, tout devait attirer l'attention de l'autorité supérieure sur le Vicaire-Général de Bordeaux, Aussi, à la mort de Mgr Jacoupy, l'évêché d'Agen lui fut-il proposé : son humilité fut effrayée ; il refusa. Quelque temps après son refus, l'abbé Martial en fit part au vénérable M. Lacombe, supérieur du Séminaire, son ami et son conseiller. Celui-ci, qui appréciait les éminentes qualités de l'abbé Martial, lui fit des reproches, et se mit dans une sainte colère. Quelques années plus tard, quand une autre nomination survint, M. Lacombe était mort : mais l'abbé Martial se rappela ses conseils et ses reproches.

Nous avons résumé, nous avons prodigieusement abrégé une vie pleine d'œuvres, et nous avons à peine indiqué les mérites amassés par le saint Prêtre pendant quarante ans de travaux apostoliques. Il était arrivé à l'âge de soixante-deux ans ; et, grâce à une santé qui paraissait inaltérable, à cette heure qui, pour la plupart des hommes, est celle du repos, il avait conservé toute la vigueur, toute l'énergie d'une robuste maturité. Si la vieillesse avait dénudé son beau front, c'était cette vieillesse toujours sereine dont les anciens faisaient l'apanage des dieux (1) ; ou plutôt, il était jeune

(1) *Cruda Deo viridisque senectus.* — VIRGIL.

de cœur, jeune de corps : il n'avait de la vieillesse que la sagesse et l'expérience, et dans une âme trempée comme la sienne, les années ne se comptaient point.

CHAPITRE III.

> Te elegit ut sis ei in populum.
> DEUT. XIV. 2.

Mort de Mgr Le Mée, évêque de Saint-Brieuc.— L'abbé Martial nommé.—Félicitations au Diocèse.— La charge de l'Episcopat. — Elévation et responsabilité de l'Evêque.— Sacre de Mgr Martial. —Discours de S. E. le cardinal Donnet. —Prise de possession.

Le 31 juillet 1858, vers neuf heures du soir, bien loin de Bordeaux, sur ces côtes de l'Armorique inconnues de l'abbé Martial, au palais épiscopal de Saint-Brieuc, une longue et douloureuse agonie se terminait. Mgr Jacques-Jean-Pierre LE MÉE, évêque de Saint-Brieuc et Tréguier, après plusieurs mois de souffrance ou plutôt de supplice, rendait à Dieu son âme, sanctifiée par une vie de bonnes œuvres, épurée encore par les angoisses d'une cruelle maladie. Dix-sept années d'un épiscopat laborieux avaient fait prendre à Mgr Le Mée de profondes racines dans le cœur du clergé et du peuple de son diocèse : sa fermeté, pleine de mansuétude, inspirait à la fois l'amour et le respect ; il s'en allait recevoir sa récompense, laissant au milieu de nous des monuments de son passage et le suave parfum d'une mémoire bénie. Quelques jours après ses funérailles, le 17 août suivant, la ville de Saint-Brieuc recevait la visite de l'Empereur et de l'Impératrice : mais, en entrant dans notre vieille cathédrale, Leurs Majestés virent le monument funèbre et le trône épiscopal en deuil, et l'Empereur exprima au vénérable Chapitre ses regrets d'un événement si douloureux pour le pays.

Le mardi 3 août, vers dix heures du matin, celui qui trace ces lignes venait d'apprendre, au palais de St-Cloud, la mort de Mgr Le Mée : il entendait en même temps le nom et l'éloge de son successeur sortir de la bouche d'un des familiers de l'Empereur, qui venait à l'instant même de signer le décret de nomination. Le soir, en effet, le *Moniteur* portait cette mention : « M. l'abbé Martial, vicaire-général de » Bordeaux, est nommé à l'évêché de Saint- » Brieuc, vacant par le décès de Mgr Le Mée. »

Au milieu des préoccupations causées par la mort si récente d'un pontife vénéré et par le voyage impérial, la ville et le diocèse se préoccupaient aussi du successeur désigné par le Gouvernement au choix du Souverain-Pontife, et l'on attendait avec impatience, qu'à travers la distance qui nous sépare de Bordeaux, les échos apportassent quelques nouvelles de celui qui devait bientôt s'asseoir sur le siége antique des Brieuc et des Guillaume. Bientôt on apprenait avec joie les qualités précieuses de Mgr Martial. « Vous trouverez en votre Pontife nou- » veau, écrivait un ecclésiastique haut placé, » avec la haute piété, l'entente des affaires, » la distinction des manières, la bonté la plus » conciliante, *toute la franchise* d'un Breton. » Donc, bénissez Dieu... (1) » Le Maire de Bordeaux lui-même, interprète de la population de cette grande ville, exprimait au Maire de Saint-Brieuc ses regrets du départ de Mgr Martial, et il lui disait : « Lorsque vous le connaî- » trez, vous l'aimerez comme nous l'aimons » tous ici (2). »

Pendant que ces honneurs, qu'il n'avait point

(1) La *Bretagne* du 16 août 1858.

(2) La *Bretagne* du 4 décembre 1858.

ambitionnés, allaient surprendre, une fois encore, le pieux abbé Martial, son âme se recueillait en Dieu. Il se rappelait le refus qu'il avait déjà opposé à une désignation à l'épiscopat, les reproches que lui avait adressés le vénérable M. Lacombe ; et ensemble défiant de lui-même, mais confiant en la force que donne Celui qui l'appelait visiblement à la plénitude du sacerdoce, il accepta de consacrer au diocèse de Saint-Brieuc une vie qui promettait d'être longue encore. Ce n'était pas la dignité épiscopale qui séduisait, par son imposant prestige, l'humble et pieux vicaire-général : et d'ailleurs, au point de vue humain, ne devait-il pas perdre au change ? Il fallait quitter sa ville natale, son cher pays de Bordeaux, dire adieu à une famille chérie, se séparer d'un archevêque qui était l'objet de sa vénération et de son amour, et dont, pendant vingt ans, il avait partagé les travaux apostoliques ; il fallait quitter ses frères dans le sacerdoce, ses amis d'enfance, toute une population dont il était le guide, et, ajouterai-je, ses habitudes de soixante ans, et tout, enfin, tout ce qui attache l'homme à la vie terrestre.

Il fallait, enfin, que l'abbé Martial fît un acte d'abnégation de lui-même et de soumission à la volonté divine, pour se séparer de son bonheur humain et venir, à soixante-deux-ans, s'implanter dans un pays nouveau, inconnu pour lui, au milieu de prêtres et de fidèles inconnus aussi, pour évangéliser les froides régions de la catholique Bretagne. On s'imagine quelquefois dans le monde, dans ce monde surtout qui ne voit que la surface des choses, que le prêtre doit désirer l'épiscopat comme un avancement, de même qu'un fonctionnaire désire arriver aux hauts emplois dans l'administration qu'il sert. Etrange confusion ! Ah ! je laisse de côté les pensées de la foi : mais si la conscience seule parlait sérieusement à ceux qui se repaissent d'une semblable illusion, est-ce qu'ils ne devraient pas comprendre que, devant une responsabilité morale aussi lourde que celle qui pèse sur l'évêque, tout homme doit reculer comme effrayé de la tâche ? Mais quand la lumière de la foi vient éclairer une âme ; quand elle se représente, d'une part, cette hauteur inouïe à laquelle est élevé l'évêque, ces pouvoirs mystérieux et sacrés que Dieu lui confère par l'Eglise ; et, d'autre part, ces milliers de fidèles dont il rendra compte un jour, âme pour âme et sang pour sang, comment pourrait-elle se laisser séduire par l'apparence extérieure d'une grandeur qui n'est, dans l'Eglise de Dieu, qu'une charge et qu'un service ?

Quand Dieu parle, il faut obéir : il parlait au cœur de l'abbé Martial, et, malgré les liens qu'il fallait briser, l'abbé Martial accepta. Le 27 septembre, en Consistoire, Notre Saint-Père le Pape, suivant les termes du droit, proposa l'église cathédrale de Saint-Brieuc, en France, pour le Rév. D. Guillaume-Elisée Martial, prêtre de Bordeaux et vicaire-général de la même ville et archidiocèse.

Mgr Martial était préconisé. Il fut sacré le 21 novembre ; mais, avant cette imposante cérémonie, il avait recueilli dans le diocèse de Bordeaux bien des hommages et bien des regrets. Pour se préparer à recevoir l'onction sainte, il avait consacré, selon l'usage suivi dans l'Eglise, les derniers jours de son sacerdoce, à la prière et à la retraite. Pendant ce temps, une fête avait lieu à Lesparre : c'était la translation des reliques de saint Alodius, évêque d'Auxerre. L'éminentissime Cardinal présidait la cérémonie : mais on ne vit pas à ses côtés l'Evêque élu, qui n'appartenait plus à Bordeaux, et son absence excita des regrets, et, au banquet qui termina la fête, M. Denjoy, conseiller d'Etat, se fit l'interprète éloquent des regrets de tous. M. Denjoy a précédé dans la tombe le Prélat qui venait évangéliser le diocèse dont il avait lui-même administré une portion (1).

Par leur lettre-circulaire du 31 octobre, MM. Souchet, Le Breton, Prud'homme et Cornillet, vicaires-généraux-capitulaires, avaient annoncé au diocèse de Saint-Brieuc le sacre prochain de son Evêque. « Déjà, disaient-ils » aux fidèles, nous vous avons demandé vos » prières pour l'Evêque nommé ; aujourd'hui, » nous venons de nouveau les solliciter pour » l'Evêque élu, aux approches de la cérémonie » qui va l'investir de la plénitude du sacer- » doce. » Et, dans le dispositif, ils prescrivaient, pour le dimanche 21 novembre, le chant du *Veni Creator* et le salut du Saint-Sacrement dans toutes les églises du diocèse. Ainsi, le diocèse de Saint-Brieuc était ce jour-là en prières pour son Pasteur. Et que se passait-il à Bordeaux ?

Dans l'église métropolitaine et primatiale, splendidement ornée, Mgr Martial recevait la consécration, et les mains vénérées du Pontife, son ami et son père, se levaient sur lui pour

(1) M. Denjoy avait été Sous-Préfet de Loudéac.

le remplir des dons vivificateurs de l'Esprit de Dieu. « Que cette huile, Seigneur, coule avec » abondance sur sa tête, et que dans son cœur » abondent la constance dans la foi, la pureté » de l'amour, la sincérité de la paix !... Don- » nez-lui, Seigneur, les clefs du ciel... Qu'il » soit le serviteur fidèle et prudent établi sur » votre famille... Soyez, ô mon Dieu, son au- » torité, sa puissance, sa sécurité.» Et aussi : « Recevez le bâton de votre charge pastorale, » pour que vous soyez paternellement sévère » pour les vices (*pie sæviens*....) Recevez cet » anneau, emblême de la fidélité avec laquelle » vous devez vous maintenir gardien de l'E- » pouse de Dieu, la sainte Eglise... (1). » Quoi de plus beau que cette simplicité grandiose des rites catholiques !

Mgr le cardinal Donnet présidait la cérémonie, assisté de NN. SS. de Salinis, archevêque d'Auch, et George, évêque de Périgueux (2); Mgr Gignoux, évêque de Beauvais, assistait au chœur, et le Chapitre et un nombreux clergé se pressaient dans le sanctuaire. Les autorités civiles, judiciaires et militaires étaient présentes; un peuple immense remplissait la ba-

(1) Traduit du *Pontifical Romain*.

(2) Ces deux éminents Prélats ont précédé Mgr Martial dans la tombe.

silique; mais aux premiers rangs se tenait la famille de Mgr Martial. Heureuse famille qui donnait à l'Eglise un de ses membres les plus chers! Elle était là, mêlant dans son âme, à la tristesse de la séparation, la noble joie des grandes choses qui s'accomplissaient en elle. Une sœur aînée était absente : c'était Mlle Virginie Martial, que des devoirs sacrés avaient, pendant une vie déjà longue, retenue au sein de la famille, qui, selon l'expression du poëte, avait toujours porté le voile dans son cœur (1) et qui, à soixante-trois ans, trois mois avant la nomination de son frère au siége de Saint-Brieuc, avait voulu abriter ses derniers jours sous les tentes pacifiques du Carmel. Mais, à côté de sa famille du monde, le nouveau Pontife voyait aussi sa nouvelle famille : MM. Le Breton et Prud'homme, vicaires-généraux; Le Clerc, chanoine; Epivent, curé de la cathédrale, aujourd'hui évêque d'Aire; Ménard, supérieur du Séminaire, maintenant archiprêtre de la cathédrale, et Guibert, vicaire de Saint-Michel, aujourd'hui aussi chargé d'âmes, y représentaient dignement le Chapitre, le Clergé et le diocèse de Saint-Brieuc.

(1) Del velo del cuor non mai disciolta. (DANTE.)

Son Eminence, dont la parole, pleine de charme à la fois et d'autorité, devait se faire entendre en cette solennelle circonstance, harangua le matin l'imposante assemblée; il traitait une question capable d'inspirer sa grande âme, celle de la mission de l'évêque, et, en terminant cette allocution, il s'adresse à Mgr Martial :

« Pour vous, dit-il, nouvel élu du Seigneur, qui hier encore étiez pour nous un frère, un fils que, dans un instant, nous presserons sur notre cœur, nous ne déroulerons pas devant vous les difficultés du ministère que vous aurez à remplir; nous contristerions votre cœur, et l'Eglise nous reprocherait d'avoir affligé l'Evêque pieux et zélé dont la longue expérience et la douceur si connue vont faire le bonheur du clergé et du troupeau qui vous attendent.

» Ayez confiance, notre force est dans notre faiblesse : *Cum infirmor tunc potens sum.* C'est Dieu qui vous a appelé, c'est le Chef de son Eglise qui vous envoie, comptez sur cette double assistance. Vous n'avez laissé échapper aucune occasion de témoigner de votre amour et de votre dévouement à la Chaire de saint Pierre. Je vois encore les larmes de votre attendrissement et de votre foi aux pieds du Vicaire de

J.-C., il y a cinq ans à peine : l'attitude du Père commun en vous bénissant, nous semblait le prélude de la consécration solennelle que vous recevez aujourd'hui.

» Aussi, nous avons la certitude que, dans tous les actes importants de votre épiscopat, vous recourrez à Rome pour réclamer ses lumières, obéir à ses conseils. Oui, pieux Pontife, si, comme le Maître l'a promis à tous les continuateurs de son œuvre, des tribulations vous attendent, de la Chaire de Pierre vous viendra la force et la consolation.

» Vous allez prendre possession de votre diocèse après l'éclatante manifestation qui a remué si profondément la vieille Armorique. Nous savons les remerciements qui, au milieu de cette immense allégresse, ont été adressés à l'Empereur pour le bienfait de votre nomination, par le clergé de Saint-Brieuc, si dignement représenté à cette cérémonie ......

» Allez donc, avec ce calme qui triomphe de toutes les agitations, cette largeur de vues qui exclut les idées étroites, cet amour immense qui veille sur toutes les douleurs, au milieu de ce peuple demeuré si fidèle sur cette terre bénie où la piété croît comme une production du sol. Tous remercieront le Ciel de leur avoir envoyé un père pour lequel le respect et l'amour se confondront bientôt dans leur cœur avec l'amour de la religion et de la vertu. Vous allez briser des liens de famille : le sacrifice que l'on fait à Dieu ne saurait anéantir nos affections légitimes.

» Pour moi, je chercherai longtemps à mes côtés le digne collaborateur qui m'aida, pendant près d'un quart de siècle, à supporter le poids de mon laborieux épiscopat. Mon âme sentira le vide de votre absence : il est douloureux d'avoir à rompre des relations qu'avaient resserrées le temps et l'intimité la plus douce. Le seul dédommagement à ma peine, c'est de pouvoir dire à Dieu : Seigneur, en m'enlevant un auxiliaire dévoué, vous en avez fait, pour vous et pour votre Eglise, un saint Pontife. Puis, il me semblera que, placée sous votre houlette, l'Eglise de Saint-Brieuc regardera celle de Bordeaux comme sa mère, et la pensée que j'aurai désormais sur la terre une famille diocésaine de plus à chérir, adoucira l'amertume de ces regrets, que me fit éprouver naguère le départ des évêques (1) qui vous en-

(1) Mgrs de Salinis, archevêque d'Auch, et George, évêque de Périgueux.

tourent en ce moment, et dont le souvenir restera impérissable parmi nous. »

Le soir, Mgr l'Evêque de Périgueux célébrait, dans le style remarquable dont il avait le don, les grandeurs de l'Episcopat catholique : il chantait les gloires modernes de la métropole de l'Aquitaine, d'abord dans les deux pontificats qui ont précédé celui du « nouveau Sourdis, qui lui-même illustre le sien par une activité et des œuvres dont s'étonneront les générations futures ; » et ensuite dans les suffragants de Bordeaux et les prélats que cette métropole a formés, et, surtout, dans le nouvel élu, digne de la religieuse Bretagne, qui lui manifestait son impatience de le posséder par cinq nobles délégués de l'Eglise de Saint-Brieuc.

A Monseigneur Martial aussi il tardait de venir remplir près de nous sa divine mission. Il écrivait, le 26 octobre, aux Vicaires-Généraux capitulaires, pour leur faire connaître l'époque de son sacre, et il ajoutait : « Je suis trop dé-
» sireux de me trouver au milieu de mes chers
» diocésains, pour ne pas arriver peu de jours
» après à Saint-Brieuc. » La prise de possession eut lieu le 26 novembre, en la personne de M. l'abbé Souchet, doyen du Chapitre, et quelques jours après, Sa Grandeur arrivait dans sa ville épiscopale.

CHAPITRE IV.

In hilaritate vultus regis, vita.
PROV. XVI. 15.

Entrée solennelle de Monseigneur à Saint-Brieuc. — Son allocution. — La ligne droite. — M. le comte Rivaud. — Discours de bienvenue. — Qu'il est beau! — Les Malades et les Prisonniers. — Notre-Dame d'Espérance. — Le Patronage. — MM. Auffret et Bigrel. — Service pour Mgr Le Mée.

C'était le 4 décembre : la saison était rigoureuse, le temps était mauvais, et cependant de toutes parts se dressaient dans nos rues des arcs de triomphe, s'élevaient des décorations et des oriflammes. Parmi les inscriptions symboliques, on remarquait surtout la devise du Prélat :

TRAHAM EOS IN VINCULIS CARITATIS (1).

(1) « Je les attirerai tous à moi par les liens de la charité. » OSÉE. XI. 4.

Promesse admirable de charité et d'amour! Nous savons tous qu'il l'a tenue. Toute la ville était en mouvement, et bientôt le clergé, les troupes, les congrégations religieuses et le peuple se portent au premier arc de triomphe de la voie que devait parcourir Monseigneur. Sa Grandeur arriva un peu plus tard qu'on ne l'attendait : elle n'avait pu résister aux démonstrations d'affectueux respect qui s'étaient déjà manifestées sur son passage. Il avait fallu s'arrêter à Lamballe, et le long de la route impériale, les populations stationnaient sous la pluie, clergé en tête. Comment le cœur de Mgr Martial ne l'eût-il pas empêché de passer outre?

Il arrive, et, après les cérémonies d'usage, la procession s'avance dans les rues éclairées par des illuminations qui s'improvisent, et, enfin, le cortége pénètre sous les voûtes du temple. L'antique cathédrale, parée comme une épousée, resplendissait de mille feux au fond de son gothique sanctuaire : une foule immense en remplissait les nefs latérales, et, dans la grande nef, les fonctionnaires de tous les ordres s'étaient donné rendez-vous pour rendre hommage, au nom du pouvoir temporel, au plus éminent représentant parmi nous de la puissance céleste. Bientôt, aux magiques accords de l'orgue, le Prélat, après avoir reçu l'encens et l'eau bénite, traverse les rangs des fidèles, et chacun admire la dignité pleine de grâce avec laquelle, s'approchant des petits enfants, il leur donne à baiser l'anneau pastoral : chacun contemple avec vénération ces traits augustes, où la bonté et la charité sont peintes.

Après le *Te Deum*, Mgr Martial monte en chaire. D'une voix sonore et vibrante, le Prélat, dans une improvisation chaleureuse, remercie les autorités et les fidèles de l'accueil enthousiaste qui lui est fait dans son diocèse : il s'applaudit d'être venu au milieu d'un peuple chrétien, au milieu des Bretons, dont la foi et la franchise sont proverbiales. « Et moi aussi, dit-il avec une vivacité charmante, semblable au Breton, quand je veux arriver à un but, je ne connais pas d'autre chemin que la ligne droite. » Puis, ouvrant son cœur à son auditoire ému, il proteste de son désir d'unir tous les cœurs en un seul cœur : il proteste de son amour pour son clergé, pour les fidèles, et surtout pour les pauvres, la portion chérie du troupeau de Jésus-Christ. Enfin, terminant par un éloge bien senti des vertus et des mérites de Mgr Le Mée, le vénérable Evêque demande aux chefs des administrations civiles le même concours qu'ils ont prêté à son prédécesseur, afin que tous travaillant ensemble au bien du pays et à la gloire de Dieu, méritent d'arriver un jour à la patrie commune et désirée.

Le chef de l'administration départementale, M. le comte Rivaud de La Raffinière, avait, dès son arrivée dans les Côtes-du-Nord, compris et apprécié l'esprit religieux de nos populations ; et, autant par conviction que par esprit de conciliation et de sagesse, il avait, pendant les dernières années de l'épiscopat de Mgr Le Mée, entretenu avec l'autorité diocésaine ces relations sympathiques et affectueuses, source de l'union toujours si désirable entre les deux pouvoirs. Ces bonnes, ces excellentes relations, le Préfet des Côtes-du-Nord devait les conserver, les augmenter encore, s'il est possible, avec Mgr Martial. A la tête des fonctionnaires, il adressait au Prélat, après la cérémonie de l'installation, ces paroles remarquables :

« Monseigneur, en entrant dans ce palais pour la première fois depuis la longue et douloureuse agonie de Mgr Le Mée, nous trouvons partout les traces de ce saint Evêque. Ses lumières, sa prudence, son indulgente charité, sa constante bienveillance sont présentes à tous les esprits. Souffrez donc, Monseigneur, que dans cette journée qui vous appartient, une pensée de pieux et reconnaissant souvenir soit portée à votre prédécesseur. La constance de nos sentiments pour lui n'a rien qui puisse vous contrister; nous prions au contraire Votre Grandeur d'y voir un présage de ceux que nous lui réservons, une sorte de promesse de cœurs impatients de se donner à elle.

» Oui, Monseigneur, la réputation qui vous a précédé ici a rempli nos cœurs d'espérance et de joie. La haute confiance que vous ont accordée pendant longues années d'éminents princes de l'Eglise, l'expérience acquise sous leurs auspices, sont pour nous des gages certains de la sagesse de votre administration, qui s'est déjà manifestée dans ses premiers actes. La renommée nous a aussi apporté l'écho des regrets qu'ont laissés, dans votre dernière résidence, vos vertus chrétiennes, l'aménité et la droiture de votre caractère. Nous savons, enfin, par vous-même, Monseigneur, que vous partagez nos sentiments d'amour pour les augustes Souverains que nous saluions naguère d'acclamations si enthousiastes. C'est un titre de plus à nos sympathies..... »

Le Maire devait aussi, au nom de la cité, et conformément aux prescriptions du décret de l'an XII, saluer le nouveau titulaire du siége de Saint-Brieuc : il s'acquitta de cette tâche avec cœur et dignité. La réponse de Mgr Martial à l'allocution municipale nous semble un chef-d'œuvre de simplicité, de grâce et d'humilité chrétienne. Voici ce que disait Sa Grandeur :

« Monsieur le Maire, je ne répondrai en ce moment qu'à un seul point des choses aimables que vous venez de m'exprimer. Oui, je partage votre reconnaissance pour l'Empereur. Je sens profondément combien est belle la part qu'il m'a faite en m'appelant à la direction du beau diocèse de Saint-Brieuc et Tréguier ; mais je ne m'abuse point sur la portée de son choix en cette circonstance. L'Empereur, qui vient de visiter son vaste empire, en a bien compris tous les besoins divers. Là où il y a lutte à soutenir contre l'esprit du mal, il a envoyé des hommes d'un mérite supérieur : s'il m'a envoyé ici, où l'excellent esprit des autorités a rendu ma tâche si facile par la salutaire influence de leurs bons exemples, c'est qu'il a sans doute mesuré mes forces, en ne me donnant qu'à moissonner. »

Cette journée de l'entrée solennelle de Mgr Martial à Saint-Brieuc fit une profonde impression sur tous les cœurs : cette belle tête, rayonnante et sereine, ce front majestueux, cet œil souriant et plein de douceur, cette vivacité d'allures, cette majesté gracieuse, tout séduisit au premier abord. Et chacun disait : Qu'il est beau ! Mais, comme si une vertu eût émané de lui aussi, comme du divin Maître (1), on se sentait porté à l'aimer, et chacun disait : Qu'il est bon ! On apprit bientôt que cette impression première n'était point trompeuse.

Ce qui avait été à Bordeaux le plus tendre objet de la sollicitude de l'abbé Martial, c'étaient les pauvres : c'est aux pauvres que l'Evêque de Saint-Brieuc fit ses premières visites. Dès le dimanche 5 décembre, lendemain de son arrivée, il avait accueilli avec empressement leurs patrons et leurs amis, les membres de la Conférence de Saint-Vincent-de-Paul. Le lundi, il se dirigeait vers l'Hospice, il parcourait les salles, il s'entretenait familièrement avec les malades, il remplissait leurs cœurs de joie et d'espérance, et il commençait au milieu d'eux ces larges et innombrables aumônes

(1) *Virtus de illo exibat.* Luc. vi. 19.

qui devaient être son habitude quotidienne. Il est d'autres infortunés plus à plaindre que les malades de l'Hospice, car, le plus souvent, ils sont criminels : ce sont les détenus. A eux aussi Mgr Martial fit de bonne heure sa visite de père, à eux aussi il prodigua les consolations, les encouragements et les aumônes ; et, par une de ces délicatesses qu'inspire la charité, il voulut toucher de ses mains sacrées leurs grossiers vêtements, manger de leur pain et goûter leur soupe : *Omnibus omnia factus* (1) !

Le mercredi 8 décembre, fête de l'Immaculée Conception de Marie, le pieux Pontife était allé célébrer les saints Mystères à Notre-Dame d'Espérance, pour placer sous la protection de Celle qu'on honore d'un culte spécial en ce sanctuaire vénéré, les prémices de son apostolat au milieu de nous. Le soir de ce jour, Monseigneur présidait la distribution des récompenses décernées annuellement aux jeunes apprentis des deux sexes, patronés et dirigés par de dévoués associés : heureuse institution qui unit, par le lien des services rendus, les classes sociales entre elles ; institution fondée par un prêtre dont le souvenir est vi-

(1) I. Corinth. IX. 22.

vant encore (1), et soutenue par un prêtre dont le talent n'a d'égal que son zèle pour le bien des âmes (2). Mgr Martial était à sa place dans cette fête de famille : ne s'était-il pas annoncé à nous comme le père des pauvres (3)? Aussi anima-t-il la réunion par une douce gaieté, par une effusion touchante ; et rappelant, dans une courte allocution, le bonheur qu'il avait eu le matin de distribuer le Pain Eucharistique aux fidèles pressés dans le sanctuaire de Marie, il s'écriait : « Je marche d'é» motion en émotion, de surprise en surprise ; » je suis le plus heureux des Evêques (4) ! »

En quelques jours, Mgr Martial avait visité les établissements publics, les écoles, les communautés religieuses, et il s'était fait connaître de son clergé et de sa ville épiscopale. Avec lui était venu de Bordeaux, pour remplir les fonctions de secrétaire particulier, un excellent prêtre, M. l'abbé Sorbier, l'ami du Prélat, et bientôt aussi l'ami de ses nouveaux confrères. Mais Monseigneur avait, par le premier acte de son administration, rétabli près de lui, comme

(1) M. l'abbé Théophile Gautier.

(2) M. l'abbé Le Breton, chanoine.

(3) *Pater eram pauperum.* JOB. XXIV. 16.

(4) *Foi Bretonne* du 11 décembre 1858.

vicaires-généraux, MM. Auffret et Bigrel, ces prêtres vénérés de tous, qui, pendant tant d'années laborieuses, avaient dignement partagé avec Mgr Le Mée le poids du gouvernement du diocèse ; il avait voulu aussi conserver, pour utiliser leur expérience, les anciens secrétaires de l'Evêché, MM. Rault et Limon. Le pays avait applaudi à cet acte de justice et de haute convenance.

Le nouveau Prélat voulut inaugurer ses fonctions épiscopales en célébrant un service solennel pour le repos de l'âme de son vénérable prédécesseur. La Messe fut célébrée pontificalement, le jeudi 16 décembre : M. le Préfet et les Autorités y assistaient. Pendant que les poétiques prières que la liturgie catholique récite autour des tombeaux étaient traduites par l'harmonieux ensemble du chœur ; pendant que l'orgue, s'associant aux plaintives mélodies de l'Eglise, faisait entendre tour à tour les soupirs de la tristesse et les accents de l'espérance, sur l'auditoire recueilli semblait planer la douce figure du Prélat plein de mansuétude pour qui l'on offrait le divin Sacrifice. On se rappelait sa vie austère et laborieuse, son zèle pour les intérêts spirituels et temporels de son diocèse, et cette simplicité modeste qui couronnait tant de vertus, et, en même temps, en voyant à l'autel un autre Pontife dont la grâce et la majesté avaient déjà fait la conquête des cœurs avant que l'onction de sa parole fût descendue au fond des âmes, on se sentait porté à bénir Dieu, qui ne veut pas que les anneaux de cette chaîne mystérieuse et sublime de l'Episcopat chrétien soient interrompus dans son Eglise, et qui, dans sa fécondité puissante, suscite des saints pour continuer l'œuvre des saints.

CHAPITRE V.

In bonitate et alacritate animæ suæ placuit. ECCLI. XLV. 29.

Le Pasteur doit connaître ses brebis. — Visite Générale. — Arrivée à Tréguier. — Manifestations. — Affabilité du Prélat. — Le Petit-Séminaire. — Adieux touchants. — Lannion. — Impressions produites. — Guingamp. — Notre-Dame de Bon-Secours. — Loudéac. — Dinan. — Site. — L'abbé Chenu.

Le premier devoir d'un évêque, c'est de se faire connaître de ses ouailles, c'est de chercher à les connaître : le divin Maître, le chef, le type et l'idéal suprême des pasteurs des âmes, en a donné le précepte et l'exemple (1). Il faut se voir, il faut se connaître, pour s'ap-

(1) *Ego sum pastor bonus, et cognosco meas, et cognoscunt me meæ.* JOAN. X. 14.

précier et pour s'aimer ; et c'est de l'amour mutuel et réciproque du pasteur pour son troupeau et du troupeau pour son pasteur, que naît le seul bien possible pour le maintien des justes dans la foi, pour le retour des âmes qui s'égarent. Jésus-Christ était venu pour donner la vie au monde déchu et pour la lui donner avec abondance (1) : il était lui-même la vie (2). Ainsi, l'évêque n'est pas seulement le dispensateur de la vie divine : il est la vie dans son diocèse, il est la lumière, il est placé sur ce flambeau symbolique et mystérieux qui doit répandre tout autour de lui son éclat vivificateur (3). Il faut donc qu'il se montre partout, qu'il se multiplie, qu'il s'annonce, qu'il réjouisse par sa présence les consciences chrétiennes, et qu'à ceux mêmes qui voudraient se dérober à son influence, il se présente et qu'il leur dise, comme Jésus à la femme de Samarie : « C'est moi, c'est bien moi qui vous parle (4) ! »

Mgr Martial, pendant la trop courte durée

(1) *Ego veni ut vitam habeant, et abundantius habeant.* JOAN. X. 10.

(2) *In ipso vita erat.* JOAN. I. 4.

(3) *Luceat lux vestra.* MATTH. V. 18.

(4) *Ego sum qui loquor tecum.* JOAN. IV. 26.

de son épiscopat, devait, avec une ardeur infatigable, remplir cette tâche du bon pasteur. Il voulut commencer le cours de ses visites diocésaines par sa seconde cathédrale, par son second siége, celui de Tréguier; puis, afin d'embrasser dans son ensemble son vaste diocèse avant de le parcourir en détail, il voulut en visiter les villes principales, les chefs-lieux d'arrondissement, qui sont comme des centres de la vie civile. Pour l'administration ecclésiastique, il n'y a qu'un centre, la ville épiscopale ; mais, en fait, des intérêts distincts, des mœurs, des habitudes diverses, convergent vers la ville principale de chaque arrondissement. Chez nous surtout, à cause de la variété du langage, Dinan, où l'on parle français, ne présente pas la même figure que Lannion, avec son idiome celtique ; Loudéac et Guingamp offrent quelques similitudes dans ce coin de la Cornouaille qui les rapproche, mais ils diffèrent singulièrement par leurs extrémités : Pontrieux et Merdrignac n'ont guère de rapports de ressemblance. Il sembla donc utile à Mgr Martial de saisir la physionomie de ces parties de son diocèse, avant de visiter en détail les paroisses rurales.

La vieille cité de saint Tugdual, qui montre

avec orgueil la flèche de granit de sa belle cathédrale, reçut son Evêque le soir du samedi 8 janvier 1859 ; et les manifestations empressées qui s'étaient produites à chaque pas le jour de l'entrée du Prélat dans son diocèse, venaient de se renouveler pendant le voyage de Saint-Brieuc à Tréguier. Nous entrerons dans quelques détails sur ces premières réceptions solennelles de Mgr Martial dans les principales localités du diocèse : ce sont de beaux souvenirs, chers à des populations qui n'oublieront pas vite le père qu'elles ont perdu, chers au clergé, qui était l'âme de ces fêtes, et on ne regrettera pas qu'ils soient consignés dans ces études sur un épiscopat si court et si bien rempli.

L'accueil fait à Mgr Martial dans sa seconde ville épiscopale, fut digne de la foi de ce bon pays breton, et digne de l'Evêque qui visitait son peuple. A l'entrée de la ville, sous l'arc de triomphe, Sa Grandeur était attendue : le clergé, le Petit-Séminaire, les religieuses formaient son cortége, et les fonctionnaires publics s'y étaient joints. A leur tête, on remarquait M. le Sous-Préfet de Lannion et M. le comte de La Tour, député. Toutes les rues étaient splendidement ornées, et des feux du

Bengale, placés sur les plates-formes de la tour principale et sur le porche de la cathédrale, éclairaient toute la façade de ce beau monument. Après les cérémonies de l'entrée à l'église, Monseigneur monta en chaire et adressa aux fidèles une allocution chaleureuse ; en terminant, il répondit en deux mots, pleins de grâce et d'humilité, comme il savait en dire, au discours de M. l'abbé Durand, le vénérable curé de Tréguier : « Monsieur le Curé, lui dit-il, en parlant de mes mérites, vous m'avez contristé ; mais, lorsque vous avez parlé d'amour et de charité, j'ai été soulagé, car je sens dans mon cœur que je pourrai vous payer de retour. »

Le lendemain, dimanche, Mgr l'Evêque officia pontificalement dans cette église, pleine de souvenirs ; ne se lassant jamais d'annoncer la parole sainte, il prêcha à la Messe sur le mystère de la fête de l'Epiphanie. Les habitants des campagnes environnantes étaient venus en foule à Tréguier : ils se pressaient dans la cathédrale, ils se pressaient sur la place qui l'entoure, et ils ne pouvaient se rassasier de contempler le nouveau Pontife. Dans cette journée, Mgr Martial gagna les cœurs de tous ceux qui eurent le bonheur de l'approcher : son affabilité, sa gaieté communicative, sa charmante bonté, ravirent et enchantèrent les nombreux convives réunis autour de lui au palais épiscopal de Tréguier.

Ami des enfants et de la jeunesse, Mgr Martial devait consacrer quelques heures de son séjour à Tréguier à la visite du Petit-Séminaire de cette ville, qui fleurit et prospère sous la main paternelle de son digne supérieur, M. l'abbé Delangle. Il y passa la matinée du lundi, et l'ancien directeur du Petit-Séminaire de Bordeaux retrouva avec bonheur ses habitudes d'autrefois au milieu de ces jeunes gens, élevés presque tous pour le sanctuaire, et dont la naïve affection pour le Prélat se manifestait si vivement.

Au moment où il allait quitter l'établissement, les élèves, pour lui faire leurs adieux, se trouvaient réunis dans la cour d'entrée. « Dès que le gracieux Evêque, écrivait un témoin, les a aperçus groupés sur son passage, il a feint de les éviter ; mais tous se sont trouvés au-devant de lui. Quoi donc! a dit Monseigneur, heureux de voir qu'ils l'avaient compris, me faudra-t-il payer un tribut ? Eh bien ! faisons nos conditions : vous suffit-il d'un jour de congé pour me laisser passer ? — Non, non,

Monseigneur ! s'écrièrent-ils tous ensemble.
— Vous êtes bien exigeants, leur dit en souriant le bon Evêque : vous en faut-il deux ?
— Non, Monseigneur ! répondirent-ils encore.
— Que voulez-vous donc ? — Vous revoir, Monseigneur, et bien souvent ! — Mes enfants, je suis d'autant plus touché de ce que vous venez de me dire, que ce cri, je le vois bien, vient de vous-mêmes, sort du fond de vos cœurs ! Je vous promets ce que vous me demandez ; mais vous jouirez, en attendant, de vos jours de congé (1). »

Quand Monseigneur quitta Tréguier pour se rendre à Lannion, la population tout entière accompagna le clergé et les fonctionnaires qui l'escortaient jusqu'à sa voiture. — Le Maire, M. Duportal, adressa au Prélat quelques paroles d'adieux : « Pour faire oublier à la ville de Tréguier, lui dit-il, qu'elle avait autrefois un évêque résident, que Votre Grandeur veuille bien se rappeler les promesses qu'elle a daigné nous faire de venir nous visiter quelquefois. » Monseigneur embrassa cordialement le premier magistrat ; et comme la foule acclamait le Prélat, déjà monté en voiture : « Adieu,

(1) La *Bretagne* et le *Publicateur* du 13 janvier 1859.

mes enfants, » s'écria-t-il en les saluant de la main.

Adieu, mes enfants ! C'était le salut adressé par Mgr Martial à la fin de sa première visite dans son diocèse : ce furent aussi, nous le verrons, ses dernières paroles dans sa dernière visite pastorale.

Le même jour, Mgr l'Evêque arrivait à Lannion, et recevait les hommages des autorités, du clergé et de la population : la ville s'était, le soir, brillamment illuminée en son honneur. Le lendemain de son arrivée, il visitait tous les établissements : le Collége, la Providence, les Dames de la Retraite, la Communauté de Ste-Anne et l'Hospice ; la Conférence de Saint-Vincent-de-Paul était admise à tenir, sous sa présidence, une de ses pieuses et intéressantes réunions : « Partout où il allait, dit un journal (1), la foule le suivait avec respect et sympathie : on l'attendait au passage, ne pouvant se rassasier de le voir et de l'aimer. Les petits enfants, avec la naïveté de leur âge, se pressaient autour de lui et baisaient son anneau pastoral, et le pieux Evêque les bénissait. Ainsi Monseigneur marchait dans nos rues en-

(1) *Le Lannionnais*.

touré de la vénération publique, et répandant sur son passage tous les trésors de son cœur.»

Le vénérable Evêque s'était fait aimer à Lannion comme à Tréguier ; et le lendemain de son départ, un ecclésiastique distingué de la première de ces villes (nous ne serons pas indiscret aujourd'hui en nommant M. l'abbé Kermoalquin) écrivait une lettre dont nous citons le début : « Vous apprendrez, sans aucun doute, avec bonheur, les heureuses et profondes impressions que Mgr Martial vient de produire sur les deux villes de Tréguier et de Lannion. Son excellente et belle figure, son air gracieux et bon, ses manières affables, ses bénédictions données à tous avec autant de foi et de piété que d'élégance et de simplicité, ses réponses si bienséantes et si chrétiennes, son port plein de dignité sous les ornements pontificaux, lui ont conquis, avec l'enthousiasme des masses, l'admiration des classes élevées et l'amour de tous ; en sorte qu'il n'y a, à Tréguier et à Lannion, qu'une voix pour proclamer tout ce que chacun a trouvé en lui de charmes et d'amabilité (1). »

Il devait en être ainsi à Guingamp, où se

(1) *Foi Bretonne* du 16 janvier 1859.

rendit Mgr Martial en quittant Lannion. La ville de Guingamp est fière, à juste titre, de sa belle église paroissiale, dont les travaux de restauration ont été continués avec activité et intelligence, grâce au zèle du vénérable curé, M. l'abbé Robin. Mais cette ville est plus fière encore de la statue miraculeuse de Notre-Dame de Bon-Secours, but d'un pèlerinage en renom, centre d'un *Pardon* célèbre dans toute la Bretagne : cette Vierge de Bon-Secours, couronnée par Notre Saint-Père le Pape, au milieu d'un concours d'évêques et de dignitaires ecclésiastiques, la dernière année de l'épiscopat de Mgr Le Mée, de douce mémoire. La visite de Mgr Martial dans cette ville consacrée à Marie, devait avoir un intérêt tout particulier, et, en effet, la réception fut digne, par ses splendeurs et sa solennité, de la ville de Notre-Dame de Bon-Secours.

Aussi les rues étaient pavoisées, la façade des maisons couverte de draperies, d'inscriptions et d'oriflammes. Un arc de triomphe, style roman, s'élevait au pont Saint-Michel ; un autre, plus vaste, décorait l'entrée de la ville, et un élégant pavillon, destiné au Prélat, qui y revêtit les ornements pontificaux, avait été dressé par les soins des dames de la ville. M. le Sous-

Préfet, les autorités, tous les corps civils et militaires, le clergé et la Fabrique, attendaient Monseigneur, et, dans le discours qu'il adressa au Pontife, M. le Curé rappela avec convenance et les mérites de la province de Bordeaux, gouvernée aux temps mauvais par un intrépide Breton (1), et les gloires si pures de la cité armoricaine.

Mgr Martial y répondit en chaire, et il termina en protestant de son amour pour son diocèse, pour le Souverain-Pontife et pour la Très-Sainte Vierge. Nous citerons ces simples et touchantes paroles qui sortaient du cœur du Pontife et qui allaient droit au cœur de ses auditeurs :

« ... Jésus-Christ, dit-il en finissant, avant d'établir Pierre évêque des évêques, ne lui demanda ni s'il avait de la puissance, ni de grands moyens, ni une éloquente parole pour prêcher l'Evangile ; il ne lui demanda qu'une chose, s'il aimait. C'est parce que j'ai senti assez d'amour en moi pour cette Eglise de Saint-Brieuc, que j'ai accepté le lourd fardeau de l'épiscopat. Je me suis dit : L'Eglise de Saint-Brieuc n'est pas faite pour moi, mais je suis

(1) Mgr de Boisgelin, archevêque de Bordeaux.

fait pour l'Eglise de Saint-Brieuc, pour lui sacrifier mes sueurs, mes fatigues, ma vie et mon sang, s'il est nécessaire.

» Vous avez parlé de la soumission au Saint-Siége, du Pontife qui gouverne l'Eglise catholique. On ne peut l'approcher sans être ému : j'ai eu le bonheur de le voir et de comprendre combien il est bon, indulgent pour les faiblesses humaines. Son souvenir ne s'efface point de mon cœur.

» Vous avez parlé de Marie, à laquelle cette église est dédiée ; ah ! je la supplie d'obtenir à tous ceux qui sont ici, accroissement de grâces à ceux qui sont bien avec Dieu, rapprochement à ceux qui seraient éloignés des pratiques religieuses. Vous le leur obtiendrez, ô glorieuse Vierge ! car vous ne laissez rien sans récompense, et ils ont fait un acte de foi en me recevant au nom de Jésus, votre Fils ; vous obtiendrez pour moi toutes les grâces dont j'ai besoin pour gouverner ce diocèse ; et comment ne pourrais-je pas espérer d'y réussir, avec le concours de tant de prêtres instruits et zélés (1) ! »

L'infatigable Pontife prêcha encore le soir,

(1) *Echo des Côtes-du-Nord* du 16 janvier 1859.

fit une consécration solennelle de son diocèse et de lui-même à Notre-Dame de Bon-Secours, célébra la Messe le lendemain, distribua le Pain de vie à une foule immense qu'il édifia, une fois encore, par sa pieuse parole, et, après la rapide visite des divers établissements, il retourna à Saint-Brieuc, laissant après lui les plus beaux et les plus doux souvenirs de son passage, signalé d'ailleurs, à Guingamp comme à Lannion et à Tréguier, par d'abondantes aumônes.

Monseigneur avait ainsi visité, dans ses principales villes, la partie bretonne de son diocèse : il lui restait, pour achever cette tournée d'ensemble, les deux villes de Loudéac et de Dinan. Après quelques jours, nous ne dirons pas de repos, car le bon Evêque ne quittait un travail que pour se livrer avec ardeur à un autre, mais après quelques jours passés en son palais épiscopal, Mgr Martial alla visiter Loudéac. Dans cette petite ville, chef-lieu de celui de nos arrondissements qui n'est enrichi ni par la mer, ni par l'abord de quelque cité importante, ni par aucune route fréquentée, Monseigneur trouva, comme dans la riche portion de la Basse-Bretagne, l'accueil le plus sympathique et le plus respectueux. Le clergé, les autorités et la population rivalisèrent de zèle pour fêter la bienvenue du Pasteur commun: l'office fut célébré pontificalement le dimanche 23 janvier, et la journée du lundi fut consacrée à la visite des établissements publics et des écoles.

Le mercredi suivant, Mgr Martial arrivait à Dinan, la seconde ville de son diocèse pour l'importance. Dinan se dresse gracieusement sur son coteau, entouré de ses antiques murailles, que de charmantes plantations environnent et que semble soutenir le lierre : ses deux églises et ses chapelles présentent leurs clochers aigus, qui se mêlent aux tourelles moyen-âge restées encore debout dans la vieille ville. D'un autre côté, la vallée verdoyante où coule la Rance serpente entre deux collines boisées que surmontent de gracieuses villas et d'agréables cottages : le petit port, avec quelques vapeurs de transport et quelques bateaux de pêche, anime ce riant tableau. Dinan possède deux paroisses : Saint-Malo, vieille et remarquable église que le zèle de son Curé réédifie; Saint-Sauveur, église principale. Dinan possède en outre un Petit-Séminaire diocésain, un collége et plusieurs couvents.

La ville saluait l'arrivée de Mgr Martial par

ces paroles, inscrites sur l'arc de triomphe et dans l'église Saint-Sauveur : *Benedictus qui venit in nomine Domini !* Le pavillon destiné au vestiaire s'élevait en face de l'établissement des Frères Hospitaliers de Saint-Jean-de-Dieu, non loin du couvent des Petites-Sœurs des Pauvres : plus loin, et de distance en distance, cinq monuments variés, recouverts d'ornements et d'inscriptions tirées des livres saints, se dressaient sur le passage du Prélat, et le beau portail antique de Saint-Sauveur avait voilé, sous les draperies et les roses, ses colonnes séculaires. C'est dans cette église que Monseigneur prononça sa première allocution dans la cérémonie de la réception solennelle, suivie des visites officielles et d'un grand dîner à la Sous-Préfecture, pendant lequel la ville tout entière resplendit des feux variés d'une brillante illumination.

Le jeudi, après la célébration de la sainte Messe et une instruction sur le dogme du Purgatoire, Mgr l'Evêque visita en détail l'église Saint-Sauveur ; puis le collége, l'école communale et les hauts fonctionnaires de la ville. Le vendredi, les communautés religieuses, le Petit-Séminaire et l'église Saint-Malo jouirent de sa présence. Avant la Messe que Sa Grandeur célébra à Saint-Malo, l'Evêque rendit un hommage bien mérité à l'excellent Curé de cette paroisse, M. l'abbé Chenu, et il annonça qu'il allait offrir le saint Sacrifice pour la conservation de ce bon Curé, qui avait dépensé sa fortune et compromis sa vie pour la reconstruction de son église. Après la Messe, Monseigneur revint encore sur le même sujet ; nous nous plaisons à citer ses paroles :

« Honneur à vous, mes frères, s'écria-t-il, qui, en donnant une preuve éclatante de votre foi, avez su comprendre les efforts généreux d'un Pasteur qui vous a si bien donné l'exemple... Car vous n'ignorez pas les sacrifices de toute nature qu'il s'est imposés ; vous n'ignorez pas — je ne devrais peut-être pas, ô mon vénérable ami, le dire hautement devant vous, mais ma parole commencée s'achèvera, — non, mes frères, vous n'ignorez pas que votre Curé s'est mis dans une rude position, et même, — je le sais, moi, — dans la gêne, pour ménager de quoi donner une pierre de plus au temple du Seigneur.... Oh ! tous ensemble, adressons-nous encore au Très-Haut, et renouvelons ces prières que nous lui adressions tout à l'heure pendant la Messe... Oh ! mon Dieu, accordez à votre Pontife ce qu'il vous demande :

gardez ce Prêtre dévoué à l'affection de son Evêque ; gardez, gardez longtemps à ce peuple le Pasteur qui lui est si cher, et qui a sacrifié ses biens et sa vie pour vous élever une église magnifique et digne de Votre Majesté sainte. »

Le lendemain, Mgr Martial regagnait sa ville épiscopale. Ainsi, deux mois ne s'étaient pas écoulés encore depuis l'installation du vénérable Pontife sur le siége de Saint-Brieuc, et déjà il avait parcouru dans tous les sens son vaste diocèse ; la rigueur de la saison, la longueur des nuits, la difficulté des routes n'avaient point arrêté son ardeur. Son but était accompli : il connaissait ses brebis, les brebis connaissaient le pasteur, et elles lui étaient déjà attachées par les liens si doux de la charité. Sa devise était réalisée : *Traham eos in vinculis caritatis !*

CHAPITRE VI.

Qui bene ministraverint, gradum bonum sibi acquirent, et multam fiduciam in fide.
I. Tim. III. 13.

Les voyages de l'Évêque. — Division du Diocèse. — Activité inouïe de Mgr Martial. — Une Journée de Confirmation. — Catéchismes. — La Bénédiction du Malade. — Administration. — Le Clergé. — Caisse des Retraites Ecclésiastiques. — Missionnaires Diocésains. — RR. PP. Maristes. — Le Grand-Séminaire. — Les Communautés. — Une Cathédrale.

Nous ne suivrons pas Mgr Martial dans ses visites pastorales et dans ses tournées de confirmation : nous nous bornerons à dire ce qu'il était dans ces pérégrinations apostoliques, dont les labeurs et les fatigues incombent à tout évêque. Le diocèse tout entier est le domaine de sa juridiction et de sa charité, et les paroisses les plus reculées ont droit à sa sollicitude comme sa ville épiscopale elle-même.

Mgr Le Mée, dès le début de son épiscopat, avait divisé son diocèse de telle sorte que, dans quatre ans, il devait administrer le sacrement de Confirmation dans toute son étendue, et que, dans huit ans, tous les paroisses reçussent l'honneur de sa visite. Ainsi, dans la première période de quatre ans, les paroisses qu'il ne visitait pas se réunissaient à celles où se trouvait l'Evêque, et dans la seconde période, au contraire, les paroisses récemment visitées se réunissaient à celles qui ne l'avaient pas encore été.

Mgr Martial entreprit de visiter toutes les paroisses dans l'espace de quatre années; non qu'il eût la prétention de faire mieux ou même autrement que son digne prédécesseur, mais il avait pour cela deux raisons. D'abord, Mgr Le Mée, qui avait administré le diocèse comme vicaire-général de Mgr de La Romagère, pendant de longues années, en connaissait parfaitement les besoins divers : il n'en était pas de même de Mgr Martial. Puis, ce vénérable Prélat, malgré la force de sa constitution, craignait que la vie ne lui échappât avant qu'il eût pu réaliser le bien que sa grande âme avait conçu.

L'arrondissement de Saint-Brieuc étant celui qui avait été le plus anciennement visité par

Mgr Le Mée, fut choisi par Mgr Martial pour ses premières courses apostoliques. C'était à la fin de l'hiver de 1859 ; par un effet de sa bienveillance charitable, le vénérable Evêque voulut d'abord parcourir le littoral. Ces rivages de la Manche sont entrecoupés par de petits ports de commerce, animés, à cette époque de l'année, par nos marins, qui se disposent à partir en avril pour les campagnes de Terre-Neuve et d'Islande. Le Père ne voulait pas laisser cette portion si intéressante de sa famille s'exposer aux caprices de la mer sans l'avoir munie du viatique de sa parole et des secours religieux. Aussi, c'est à Paimpol qu'il porta ses premiers pas : il fut reçu dans cette ville avec ces vives démonstrations d'une population rude, franche et loyale. Les autres communes de la côte furent successivement visitées par lui.

Nous l'avons vu, pendant trois ans, poursuivre, avec une activité incroyable, le cours de ces voyages si pénibles et si fatigants : dans sa première année, il avait visité soixante-huit paroisses. C'était beaucoup, sans doute : Mgr Martial ne trouva pas qu'il en eût fait assez; et bientôt il commença à visiter deux paroisses par jour, et, pour accorder à chacune le temps nécessaire, il fallait voyager de nuit. N'importe;

rien ne l'arrêtait, ni la dureté de nos hivers, ni la longueur de nos trajets, ni la durée de nos pluies. On disait : Il est de fer. Il est vrai qu'à la conscience du devoir, il fallait joindre une santé robuste et vigoureuse, pour résister à de semblables tâches.

Certes, le digne Evêque utilisait admirablement tous les instants de ces continuels voyages. Voici comment, le plus souvent, lorsqu'il entreprit la visite de deux paroisses par jour, se passaient ses laborieuses journées :

Il arrivait vers le soir dans la première paroisse : il était reçu solennellement, et il montait en chaire pour répondre au discours de bienvenue du curé ou recteur, et il s'annonçait par une prédication toujours chaleureuse et toujours longue à la foule attentive. Après le souper, que Monseigneur égayait toujours par son affabilité, il se rendait dans sa chambre et se livrait à la prière ou au travail. Souvent une partie de la nuit se passait ainsi ; quelquefois même, il lui arrivait de la passer entière, et le sommeil l'a surpris plus d'une fois sur la chaise où il méditait. Cependant, dès le matin, il était debout. A sept heures, il célébrait la Messe, faisait une longue instruction, en forme de catéchisme, sur les devoirs de la vie chrétienne, administrait la Confirmation, visitait l'église. Puis, il recevait des visites au presbytère, s'enquérait des affaires de la paroisse, prenait note de tout, et aussitôt après le dîner, l'infatigable Prélat partait pour la paroisse la plus voisine, afin d'y arriver au milieu de l'après-midi. Là, nouvelle prédication, nouvelle Confirmation, nouvelle visite; et, après un repas pris à la hâte, Monseigneur faisait atteler, pour arriver au milieu de la nuit dans la paroisse qu'il devait évangéliser le lendemain matin.—Ainsi faisait-il jusqu'au retour dans sa ville épiscopale : puis il repartait encore!

Quelle vie, et quelles fatigues! Est-il donc beaucoup d'hommes qui voudraient en faire autant pour gagner de la fortune ou pour gagner des honneurs? Ils coûteraient bien cher, s'ils étaient ainsi payés : la fortune et les honneurs ne valent pas une heure de repos après une journée de labeurs. Mais cette heure de repos, notre bon Evêque ne savait pas la prendre : il eût cru la dérober au salut de quelque âme, et à la gloire de ce Dieu dont il était si digne d'être le représentant. Et toujours il était souriant, gai, enjoué : ceux qui ont le cœur bon, dit l'Ecriture, ont toujours le visage joyeux (1). Sa prédication était comme son cœur : elle était simple, animée, pleine de feu. Ce n'était pas un orateur, mais on aimait à l'entendre : il parlait avec tant de bonté, avec tant de conviction, qu'il inspirait l'amour de toutes les vertus, dont il donnait à la fois le précepte et l'exemple.

Un jour, c'était en 1859, la voiture du Prélat parcourait la route de Saint-Quay à Plourhan : à mi-chemin, trois vieilles femmes se présentent et semblent s'adresser à Monseigneur. Il fait arrêter, il descend de voiture, il demande, avec sa bonté touchante, ce que souhaitaient ces femmes. L'une d'elles, lui montrant au haut de la côte une chaumière éloignée, lui dit : Monseigneur, il y a là-bas un malade qui voudrait savoir que vous l'avez béni de loin en passant.—Aussitôt, l'Evêque s'agenouille dans la boue de la route, auprès de ces femmes, aussi agenouillées : il récite lentement avec elles le *Pater* et l'*Ave* pour le malade, et se levant, avec la majesté qui lui était propre, il impose les mains vers le toit de la chaumière, et il appelle les bénédictions de Dieu sur cette âme inconnue qui a eu soif de la bénédiction du Pontife.

(1) *In omni tempore vultus illorum hilaris.* Eccli. xxvi. 4.

De pareils traits sont ordinaires dans la vie du saint Evêque : celui-ci nous est revenu en mémoire à l'occasion de ses voyages, et, devant en omettre tant d'autres, nous avons voulu le relater en passant. D'autres devoirs retenaient Mgr Martial dans son palais épiscopal, où sa vie était toujours laborieuse. Sans parler des nombreuses visites qu'il recevait, des audiences multipliées qu'il accordait aux prêtres et aux gens du monde, il avait à s'occuper de l'administration de son vaste diocèse, qu'il traitait avec le soin consciencieux et scrupuleux d'un évêque qui veut faire le bien, qui veut arriver au mieux et qui désirerait ne mécontenter personne. Il était aidé, dans cette œuvre difficile et délicate, par les deux prêtres éclairés et expérimentés dont Mgr Le Mée, avant lui, avait apprécié le mérite, et qui étaient devenus les Vicaires-Généraux de Mgr Martial; il était aidé par les deux Secrétaires de l'évêché, qui, dans leurs fonctions plus modestes, ont rendu tant de services au diocèse; enfin, Mgr Martial avait son conseil, composé de membres du Chapitre et de prêtres élevés en dignité, tous mûris dans les affaires ecclésiastiques et n'ayant en vue que le plus grand bien à opérer.

Ainsi Monseigneur n'avait pour guide, dans

ses actes d'administration, que la gloire de Dieu ; mais il aurait voulu, dans sa bonté, les faire toujours à la plus grande satisfaction de ceux qui en étaient l'objet. Il le dit un jour à ses prêtres : c'était à la retraite ecclésiastique de 1860. Il présidait d'habitude ces pieux exercices, et il parlait souvent au clergé pendant la semaine. Cette fois, il lui exprima, avec sa bonne franchise, l'embarras où se trouve fréquemment un évêque qui voudrait être agréable à un clergé qu'il aime, et qui, cependant, par la force des choses, est obligé de faire de la peine à quelqu'un. Un poste est vacant : il conviendrait à plusieurs, et plusieurs aussi conviendraient à ce poste ; mais un seul peut le remplir. Il faut donc choisir ; choix difficile, choix qui répugne au chef qui voudrait satisfaire tous ceux qui sont dignes ; choix, pourtant, qu'il faut accomplir. Et le pieux Pontife engageait ses prêtres à venir à lui avec confiance, à lui confier leurs embarras et leurs peines, se présentant à eux comme un ami et comme un père.

C'est dans l'intérêt de son clergé que Monseigneur s'occupa d'organiser la Caisse des Retraites sur des bases telles que cette institution pût procurer aux prêtres âgés et infirmes des ressources suffisantes pour vivre à l'abri des privations. Dans sa circulaire du 13 août 1859, Mgr Martial expose son but et sollicite les avis de ses prêtres : « Le mode qui » va vous être proposé, dit-il, a été adopté » dans plusieurs diocèses, et y a obtenu les » plus heureux résultats. Pourquoi donc ne » pas espérer qu'il en serait ainsi parmi vous, » et que, par la réalisation d'un tel projet, » quelques-uns de mes chers et très-dignes » collaborateurs pourraient plus paisiblement » terminer leur carrière ? Comme je désire » que votre adhésion à cette œuvre soit plei- » nement libre, j'ai cru devoir, avant tout, » soumettre à votre examen, et, s'il y a lieu, à » votre adoption, les propositions suivantes. » Suivait le projet de réglement.

Trois mois après, une ordonnance épiscopale du 1er décembre 1859, établissait la Caisse des Retraites pour les ecclésiastiques âgés de soixante-dix ans, et pour ceux que des infirmités graves empêcheraient de remplir les fonctions du saint ministère avant qu'ils aient atteint cet âge. Les ressources de la Caisse se composent des souscriptions des ecclésiastiques, des contributions des fabriques, des dons volontaires et des rentes provenant des capitaux placés au profit de l'œuvre. Les pensions, payables aux ayants droit dès l'exercice 1860, varient suivant l'importance des versements annuels, mais nulle n'est inférieure à 800 fr.; chiffre modeste, mais suffisant pour préserver du besoin. La Caisse s'interdit absolument tout secours pour autre cause que maladie, tout prêt quelconque et tout paiement de dettes : elle a pour but de venir en aide à des besoins réels, mais non d'encourager la mauvaise administration ou la négligence.

Le compte-rendu de la commission, daté du 17 avril 1861, s'exprime ainsi sur l'état de la Caisse en 1860 : « Ce sera sans doute, Monseigneur, avec une satisfaction bien douce que vous verrez, d'après ce résultat, que vos prêtres vous ont compris, quand vous leur avez proposé le moyen de les mettre à l'abri du besoin dans la vieillesse ou les infirmités, et de « pourvoir au salut des âmes, qui souffrent » quelquefois de ce que la crainte de la mi- » sère empêche un pasteur infirme de résigner » son titre (1). » Vos prêtres vous ont compris, et ils ont accueilli avec reconnaissance, avec bonheur, votre projet de création d'une nou-

(1) Circulaire Episcopale du 7 mars 1861.

velle Caisse ecclésiastique sur de plus larges bases que l'ancienne Caisse diocésaine. Ils vous doivent ainsi une des institutions les plus importantes pour un diocèse, et qui, à elle seule, suffirait pour immortaliser et faire bénir d'âge en âge votre épiscopat. » Telle était l'opinion de la commission, composée d'un vicaire-général, d'un chanoine, de plusieurs curés, d'un recteur, d'un aumônier, d'un vicaire et d'un secrétaire de l'évêché : la hiérarchie sacerdotale y est ainsi représentée tout entière.

Dans son zèle pour le bien spirituel des fidèles, Mgr Martial s'était préoccupé d'établir une société de Missionnaires diocésains, c'est-à-dire de prêtres du diocèse, vivant en commun, sous une règle et sous la dépendance d'un supérieur, et dont l'unique ministère consisterait à donner les exercices des retraites et missions dans les diverses paroisses. Il en avait confié la direction à un prêtre dont le nom est synonyme de bienfaisance et de dévouement, au respectable abbé Garnier, qui consacre sa vie au soulagement matériel et moral des sourds et muets des deux sexes. Mais, persuadé que les cœurs se laissent quelquefois plus facilement impressionner par des voix étrangères, il avait songé à instituer, à côté des Missionnaires diocésains, une maison de Missionnaires étrangers : c'est dans ce but qu'il avait appelé les RR. PP. Maristes. Il confia aussi à cette congrégation la direction de son Grand-Séminaire.

Dirigé, depuis un temps immémorial, par des prêtres séculiers, le Séminaire de Saint-Brieuc a donné au diocèse plusieurs générations de prêtres instruits, éclairés et dévoués à leur devoir. Tout le clergé qui milite aujourd'hui avec tant de distinction et de succès, est sorti de l'école cléricale dont l'administration était présidée par les Botrel, les Saint-Sévrin et les Ménard. Fortes études, direction paternelle et ferme, esprit d'union entre les maîtres et les élèves, relations utiles et douces pour le cours de la vie sacerdotale, tels sont les souvenirs qu'ont laissés les dignes supérieurs dont nous avons tracé les noms. Les RR. PP. Maristes recueillent un bel héritage. Mgr Martial les appelait, dit son panégyriste de Bordeaux, « non pour le bien, mais pour le mieux. » Puissent-ils donc faire mieux encore que leurs devanciers ! On sait que le vénérable Evêque, en leur donnant ses jeunes lévites, leur témoignait une confiance qu'ils méritent à tous égards.

Monseigneur, qui avait été à Bordeaux, pendant de longues années, supérieur et directeur de communautés religieuses, ne devait pas négliger, comme évêque, les nombreuses retraites qui ont pour premier chef et pour premier guide l'Ordinaire d'un diocèse. Il les visitait souvent ; il aimait à les conseiller, à leur venir en aide dans leurs besoins spirituels et temporels. Supérieur-général de la Congrégation des Filles du Saint-Esprit, il avait placé à leur tête l'abbé Sorbier, son secrétaire particulier : chaque année, durant la retraite générale, il présidait les exercices, faisait la méditation et s'occupait, avec un grand zèle, de l'avancement de ces pieuses âmes dans la perfection chrétienne.

La belle maison principale du Saint-Esprit avait été édifiée sous l'épiscopat et sous la direction de Mgr Le Mée, qui, avec le concours du clergé et des fidèles, avait aussi élevé les magnifiques constructions du Grand-Séminaire. L'évêché avait été restauré, et, pour compléter les édifices diocésains, restait à construire une cathédrale. Mgr Martial s'en préoccupa. Notre cathédrale; malgré quelques essais partiels de restauration; n'est ni belle, ni grande ; l'extérieur surtout n'est pas digne de la destination de cet édifice. Déjà, en 1859 et en 1860,

Mgr l'Evêque avait fait à cet égard des représentations au Ministre : il y avait urgence. Mais on connaît la lenteur administrative : elle est proverbiale. Aussi, pour en finir, Mgr Martial, en décembre 1861, quelques jours, hélas! avant sa mort, fit le voyage de Paris : il eut, à ce sujet, une longue conférence avec le Ministre des cultes, il obtint une audience particulière de Sa Majesté, et il revint avec l'espérance fondée qu'on allait s'occuper immédiatement de la construction d'une cathédrale, s'il était démontré qu'une restauration n'était pas suffisante. La veille même de sa mort, malgré d'assez vives douleurs, l'Evêque zélé écrivait une longue lettre à Son Excellence au sujet de sa chère cathédrale ; et deux heures à peine avant le coup si imprévu qui l'enleva, il s'enquérait de savoir si les Secrétaires de l'évêché avaient eu le temps d'en terminer la copie.

Ainsi, Mgr Martial se consacrait tout entier à ses graves devoirs ; ainsi, il était constamment préoccupé du bien général. Pour lui, il s'oubliait complètement : être agréable à Dieu, se rendre utile aux hommes, tel était l'unique souci de ce saint Evêque. Il croyait n'avoir jamais assez fait ; il craignait toujours de n'avoir pas bien fait, et, nous l'avons déjà fait remarquer, il avait conservé, au soir de la vie, le caractère de son enfance : « une nature bouillante, enveloppée dans les délicatesses d'une conscience qui craint tout (1). »

---

(1) Chapitre Ier, page 4.

CHAPITRE VII.

Hæc oportuit facere et illa non omittere.
MATH. XXIII. 23.

Union de l'Eglise et de l'Empire. — Paroles des Evêques. — La Guerre d'Italie et le Saint-Siége. — Coup-d'œil historique. — Mandements des Evêques. — Luttes. — Mandements de Monseigneur Martial. — Denier de Saint-Pierre. — Amour au Saint-Père. — Prudence et Conciliation. — *Traham eos !*

Quand Mgr Martial monta sur le siége épiscopal de Saint-Brieuc, le gouvernement impérial avait donné à l'Eglise des gages d'une union qui semblait devoir être indissoluble entre les deux pouvoirs. Les évêques et le clergé, reconnaissants des bienfaits du Souverain, publiaient partout les louanges de l'homme providentiel qui, après avoir balayé la Révolution impuissante, paraissait destiné à restaurer, sur le sol de la France, l'édifice ébranlé de la monarchie nationale et chrétienne. En Normandie et en Bretagne, des populations innombrables, guidées par leurs chefs spirituels, avaient semé de fleurs la route triomphalement parcourue par l'Empereur et l'Impératrice. Le Prince était salué par les évêques, acclamé avec enthousiasme par le clergé jusque dans l'enceinte des temples, et les voûtes de nos églises, habituées aux hymnes en l'honneur du Dieu vivant, retentirent plus d'une fois, pendant le voyage de 1858, des manifestations de reconnaissance envers l'homme étonnant dont le prestige imposait à tous.

Mgr l'Evêque de Quimper célébrait « son amour pour la religion (1). » « L'Eglise de France et le Saint-Siége, lui disait-il, garderont mémoire de ce qu'ils vous doivent (2). » Le Curé de Lorient énumérait ses actes : « La société rassurée, l'autorité remise en honneur, le Père des fidèles rendu à ses Etats, la liberté de l'enseignement et des conciles... voilà des bienfaits dont tous les cœurs chrétiens gardent un profond souvenir (3). » A Sainte-Anne

(1) Discours de Brest.—Notre *Voyage de LL. MM. en Bretagne*, p. 66.

(2) Discours de Quimper.—Ibid., p. 91.

(3) Ibid., p. 105.

d'Auray, le patriarche de l'épiscopat breton (1) protestait, les larmes aux yeux, de son respect, de sa reconnaissance et de son amour. A Plouguenast, le Curé disait à l'Empereur : « Vous êtes l'homme de la droite du Très-Haut... vous professez hautement et vous protégez partout la foi catholique (2). » « Oui, Sire, disait le Curé de Moncontour, vous êtes le protecteur de l'Eglise : Rome, l'extrême Orient, la patrie et tous les cœurs catholiques de notre diocèse le proclament (3). » « Vous rendez gloire à Dieu en protégeant son Eglise, disait, à Saint-Brieuc, le Doyen du Chapitre (4). » L'un des Curés de Dinan citait des traits d'angélique piété de la vie du Prince. Et à Rennes, résumant tous ces éloges, Mgr Godefroy Saint-Marc, qui devait devenir bientôt le métropolitain de l'Armorique, s'écriait : « Vous, Sire, l'héritier du trône du restaurateur de notre sainte religion en France ; vous, le soutien de la Papauté au XIXe siècle ; vous, de tous les monarques français, depuis saint Louis, le plus dévoué à

(1) Mgr de La Motte de Broons et de Vauvert, évêque de Vannes. — Notre *Voyage de LL. MM. en Bretagne*, p. 128.

(2) Ibid., p. 170.

(3) Ibid., p. 172.

(4) Ibid., p. 181.

l'Eglise... Venez, quinze cents prêtres vous attendent!... (1).» Tout cela, c'est de l'histoire.

Sans doute, l'écho de ces louanges était parvenu à Bordeaux jusqu'à Mgr Martial, qui, dans sa lettre pastorale du 21 novembre, jour de son sacre, félicitait son nouveau diocèse de ce qu'il n'en est point un autre « où l'amour du Souverain et de son auguste Compagne se soit traduit par des manifestations plus universelles.» Mgr Martial arrivait donc à Saint-Brieuc plein de dévouement pour le gouvernement de l'Empereur, plein de confiance en lui : s'il se trompait, il faut reconnaître qu'il se trompait en nombreuse et en bonne compagnie. C'était là, il faut l'en louer, sa seule politique. Comme il est dit du cardinal de Cheverus, « il s'en tenait au principe général suivi de tout temps dans l'Eglise, de respecter le gouvernement établi, et d'entretenir avec lui, autant que possible, des rapports de bonne intelligence, parce qu'autant la religion et la société gagnent à l'accord des deux pouvoirs, autant elles souffrent de leur désunion. Du reste, comprenant que, comme évêque, il devait être le pasteur, le père et l'ami de tous, puisqu'il était appelé à

(1) Notre *Voyage de LL. MM. en Bretagne*, p. 229, 230.

travailler au salut de tous, il désirait s'effacer comme homme politique, pour que tous ne vissent en lui qu'un ami (1). » Il suffit d'appliquer ces paroles à Mgr l'Evêque de Saint-Brieuc.

Mais bientôt la position devait tristement se modifier. Une guerre dont la France, malgré ses instincts belliqueux, sembla peu désireuse, fut entreprise en Italie ; les catholiques, inquiets pour le domaine du Saint-Siége, furent rassurés pourtant par les promesses les plus solennelles que jamais l'histoire ait enregistrées. L'Empereur, comptant ses journées par ses victoires, conclut une paix qui raffermit les espérances ; mais à peine l'arrière-garde de l'armée avait-elle quitté le sol italique, que tout ce qui avait été stipulé à Villafranca s'évanouit. A l'heure présente, il n'en reste plus rien qu'une étrange et amère déception. Les souverains italiens en exil ; les Etats du Pape envahis, sa glorieuse phalange de fidèles assassinée à ces Thermopyles catholiques qu'on nomme Castelfidardo ; des bandes se précipitant sur la terre de Naples, la trahison soudoyée, et un roi faisant bombarder, sans merci

(1) *Vie du cardinal de Cheverus*, p. 273, édit. 1858.

comme sans raison, le dernier asile d'un roi, son parent ; le désordre à son comble, les finances anéanties ; le Pontife romain réclamant l'appui promis, et sollicitant des fidèles le Denier de Saint-Pierre ; la société compromise, et l'avenir gros d'orages et de tempêtes ; enfin, contrairement à une parole d'heureux augure, *les méchants se rassurant, et les bons commençant à trembler.*

Voilà ce que nous avons vu depuis trois ans : et l'Episcopat, en face de la position que, malgré tant de promesses, on laissait faire au Saint-Père, ne pouvait rester silencieux, sous peine de mériter l'anathème du Prophète (1). Quelques-uns de ses membres dépassèrent-ils, dans leur zèle pour les droits du Siége apostolique, les bornes d'une discussion respectueuse vis-à-vis du pouvoir ? Il ne nous appartient pas de le juger. Mais le gouvernement le pensa : il interdit la publication des Mandements ; puis, divers incidents se présentèrent. L'autorité ne cessait, il faut le dire, de protéger à l'intérieur le clergé et l'Eglise ; mais, en face de dissentiments regrettables, une lutte s'établit : elle dure encore, et ce qui en est résulté de plus

(1) *Canes muti non valentes latrare.* ISAI. LVI. 10.

manifeste ; c'est que le gouvernement s'est aliéné une foule de catholiques influents qui marchaient sous ses drapeaux, c'est que beaucoup de catholiques se sont séparés, avec bruit ou sans éclat, du seul rempart qui nous reste encore contre l'invasion épouvantable d'une démagogie effrénée.

Nous n'avons à examiner ici que la conduite tenue par Mgr Martial au milieu de ces déplorables événements. Ce bon Evêque fut l'homme de la paix : il concilia son devoir envers le Souverain-Pontife avec le respect qui est dû à l'autorité établie, même lorsqu'elle se trompe. Il justifia ainsi le précepte de l'Évangile que nous avons choisi pour l'épigraphe de ce chapitre : *Hæc oportuit facere, et illa non omittere ;* et nous allons en donner la preuve, en citant quelques passages de ses Mandements, si chaleureux en faveur du pouvoir temporel du Pape et de l'admirable manifestation catholique du Denier de Saint-Pierre.

Le pieux Prélat choisit pour sujet de son Mandement pour le carême de 1860, les prières demandées par le Souverain-Pontife par son Encyclique du 18 janvier. « Quand le Père com-
» mun des fidèles, disait-il, est aux prises avec
» de si cruelles anxiétés, quand on sait son

» âme livrée à de si vives angoisses, peut-on
» ne pas se sentir saisi de la plus profonde
» tristesse ?... »

Mais Mgr Martial conserve encore quelque espoir : « Ce que je sais bien, c'est que je ne
» peux pas consentir à perdre confiance, à
» bannir de mon cœur le sentiment le plus
» délicieux que puisse goûter en ce moment
» une âme chrétienne : l'espérance de voir se
» dissiper cette tempête. La bénédiction du
» père attire sur ses enfants les dons du Ciel,
» c'est ce que nous enseigne l'Esprit-Saint.
» Or, avec quelle affection paternelle, il y a
» dix ans, les enfants de la France n'ont-ils
» pas été bénis par l'immortel PIE IX? Que de
» faveurs célestes ont donc alors été accor-
» dées à notre chère patrie ! hé ! pourquoi,
» ô mon Dieu ! au nombre de ces grâces pri-
» vilégiées, ne se trouverait pas pour nous
» l'insigne honneur de demeurer toujours les
» plus aimants, les plus dévoués entre tous
» les enfants de l'Eglise romaine ? »

Plus tard, le 12 juin 1860, Mgr Martial recommande l'œuvre du Denier de Saint-Pierre :
« Oui, dit-il, Dieu veut que nous soutenions
» la liberté et l'indépendance du Chef de notre
» Foi ; oui, Dieu veut que nous sachions faire

» des sacrifices pour réaliser une œuvre à la » fois si louable et si utile au monde catho- » lique, à cette société spirituelle de deux cent » millions d'hommes ; oui, Dieu veut que » quand l'Eglise romaine est dépouillée, per- » sécutée, nous lui venions en aide ; oui, » Dieu veut que la France, cette fille aînée » de l'Eglise, montre à l'univers ce qu'elle a » d'affection pour sa Mère, et combien est » indéfectible son dévouement filial pour la » Chaire de Pierre. »

Et plus loin, comme s'il voulait faire entendre que sa confiance dans les promesses du gouvernement n'a pas diminué : « Vous pouvez, » dit-il, très-chers Coopérateurs, entreprendre » l'œuvre que je vous confie, sans craindre le » moins du monde de contrarier les vues du » Prince qui nous gouverne. Il a donné assez » de gages de son dévouement et de son res- » pect au Souverain-Pontife, pour ne pas voir » avec plaisir les dons offerts au Vicaire de » J.-C. N'en avons-nous pas pour garant la » présence à Rome de notre illustre compa- » triote, le général de Goyon ; de ses fidèles » et courageux soldats, qui sans cesse veillent » aux portes du Vatican ; n'en aurons-nous » pas, sous peu de jours, un nouveau garant

» dans l'emprunt ouvert en France pour le » Saint-Père, emprunt qu'il faudra nous efforcer de couvrir, puisque par là, sans faire » de nouveaux sacrifices pécuniaires, nous con» tribuerons à mettre le Souverain-Pontife à » même de rétablir l'état de ses finances, hélas! » malheureusement amoindries par l'ingrati» tude et la révolte? »

Les événements marchent : les discussions s'aggravent, la paix des âmes est troublée. Que fait notre vénérable Evêque? Il demande, il ordonne des prières : il excite son clergé à cette lutte pacifique qui ne jette point le trouble dans les esprits, mais qui aide la vérité et qui maintient le bon droit. Et dans sa circulaire confidentielle du 19 novembre 1860, il écrit à ses prêtres ces admirables paroles, inspirées par son âme si dévouée, si ferme dans la foi et si douce envers tous :

« Sans avoir l'air de traiter un sujet de cir» constance, d'actualité ; sans paraître se dé» fendre contre un ennemi qu'on a en face, ou » vouloir en venir aux prises avec lui, rappelez, » en les accompagnant de preuves solides et » clairement exposées, les enseignements de » l'Eglise relatifs aux questions qu'agitent cer» taines feuilles périodiques.

» N'amoindrissez nulle parole de l'Evangile : » ne retranchez pas un iota du Symbole catho- » lique; ne parlez sur ces sujets qu'après une sé- » rieuse étude, une préparation consciencieuse.

» Mais, pour la plus grande gloire de Dieu, » pour le salut d'un plus grand nombre, que » toute vérité soit présentée sous des formes » si douces, soit exprimée avec des paroles si » charitables, si éloignées d'allusions person- » nelles, que les esprits les plus susceptibles, » les plus ombrageux, que nos ennemis décla- » rés ne puissent y trouver rien à reprendre. »

O sublimes leçons de fermeté dans la foi et de constance dans la charité! O doux et saint Evêque, les Pontifes qui vous ressemblent par l'amour de la vérité et par l'amour de la douceur, sont envoyés de Dieu pour écarter bien des maux de leurs peuples, maintenus dans la paix! Ils savent, ces Pontifes, qu'il a été dit du Roi éternel des prêtres, qu'il ne se livrera point aux discussions, qu'il ne criera point, qu'il ne brisera pas le roseau qui chancelle, qu'il n'éteindra pas la mèche qui fume, et pourtant qu'il gagnera la victoire pour la cause de la justice (1) ! Ils savent que Dieu n'est pas

(1) *Non contendet, neque clamabit... arundinem quassatam*

dans le bruit et le trouble (1), qu'une douce réponse apaise la colère, mais que de durs reproches excitent des fureurs (2); ils savent, enfin, que la possession de la terre par l'amour a été promise aux âmes douces (3), et que la patience arrive toujours à faire son œuvre (4)!

En même temps qu'il adressait à son clergé la circulaire confidentielle dont nous avons reproduit les sages conseils, Mgr Martial écrivait pour son diocèse une savante dissertation sur les droits temporels des successeurs de Pierre. Dans cette Lettre pastorale, du 24 novembre 1860, la nécessité du pouvoir temporel est démontrée par l'histoire et par des raisons de convenance d'une clarté remarquable: tout est expliqué avec une simplicité qui permet au dernier des fidèles de comprendre la position spéciale du Pape, le besoin qu'il a d'une indépendance sérieuse; et, après cette exposition, Monseigneur arrive au cœur et réclame

non confringet, et linum fumigans non extinguet, donec ejiciat ad victoriam judicium. MATTH. XII. 19. 20.

(1) *Non in commotione Dominus.* III. REG. XIX. 11.

(2) *Responsio mollis frangit iram, sermo durus suscitat furorem.* PROV. XV. 1.

(3) *Beati mites, quoniam ipsi possidebunt terram.* MATTH. V. 4.

(4) *Patientia opus perfectum habet.* JAC. I. 4.

de ses diocésains quelques sacrifices, ne fût-ce que *cinq centimes,* pour professer leur foi au Saint-Siége.

« Hélas! n'ai-je pas raison, dit-il, de la pro- » voquer, cette profession de foi, à une époque » où l'on murmure à nos oreilles ces mots : » *séparation de Rome, Eglise nationale.* Bien- » aimés Diocésains, j'en ai la conviction intime, » il n'en sera jamais ainsi dans notre catho- » lique Bretagne : jamais vous ne vous sépa- » rerez du Pontife Romain, parce que là se » trouverait un acte de déraison, d'apostasie » à l'égard de Jésus-Christ, d'ingratitude en- » vers l'Eglise de Rome. »

Après avoir longuement et chaleureusement développé cette triple pensée, l'Evêque termine :

« O Eglise de Pierre! qui nous a comblés » de tant de bienfaits, non, jamais nous ne » nous séparerons de toi ! Oui, plutôt nous » séparer de tout ce que nous possédons, de » tout ce qui nous est cher ; plutôt nous sé- » parer même de la vie, que de devenir des » fils ingrats envers la meilleure des Mères ! » Quoi ! nous pourrions te quitter ! toi qui, » seule, possèdes la lumière véritable ! et cela » pour aller fatalement nous plonger dans le

» sein des ténèbres ! Non, non, jamais ! Sau-
» veur de nos âmes, Seigneur Jésus, gardez-
» nous pour toujours d'un malheur aussi af-
» freux ! »

Sans doute, on n'a guère commenté dans les salons ces touchantes et chrétiennes paroles ; sans doute, les feuilles publiques ne les ont point enregistrées entre un premier-Paris et un débat de cour d'assises ; mais elles sont écrites dans le livre mystérieux qui conserve pour l'éternité cette parole des Pontifes, qui n'est pas la parole passionnée de l'homme, mais qui est la féconde et vivifiante parole de Dieu (1).

Le Mandement du carême de 1861 traitait, avec science, vigueur et talent, la question fondamentale de la perpétuité de l'Eglise catholique : c'était toujours là que, dans ces temps mauvais, le Prélat ramenait l'attention des fidèles. Mais, à l'exemple des saints Pontifes qui furent aussi remplis de mansuétude que de fermeté, il disait à son clergé, dans ce remarquable document : « Très-dignes, très-
» chers Coopérateurs, défendez la vérité, dé-

(1) *Et scribe in eo sermones*... JEREM. XXXVI. 18. — *In libro tuo omnes scribentur*. PSALM. CXXXVIII. 16.

» fendez-la énergiquement, mais avec encore » plus de charité que d'ardeur, prenant soin » d'écarter de vos instructions toute question » de personnes. Qu'on dise de vous, que, zélé » athlète de la vérité, vous ne cherchez pas » le plaisir de vaincre un adversaire, mais seu- » lement le bonheur d'enlever une âme aux » illusions du mensonge. » *Ne cherchez pas le plaisir de vaincre un adversaire!* Oh! comme ce conseil, aussi sagace qu'il est charitable, prouve que le bon Evêque connaissait bien le cœur humain, où la recherche de soi se mêle aux plus louables motifs !

Après avoir entendu la lecture en chaire de ces Lettres pastorales, si accentuées et si dignes, chacun se sentait porté à aimer plus que jamais l'unité romaine, à s'y attacher du fond de ses entrailles, à prier pour le maintien des droits de Pierre, à payer au Pontife suprême, par l'offrande et par la souscription, le tribut que des enfants doivent aux nécessités de leur père. Mais les âmes ne perdaient pas leur paix, aucune arrière-pensée ne venait les troubler, aucune de ces discussions qui aigrissent sans convertir ne surgissait dans les familles ou dans les sociétés, et chacun voyait dans son Evêque, non pas un ami ou un ennemi politique, mais un guide, mais un père, mais un sage conseiller. Ah ! sublime enseignement de l'Evêque ! Il défend la vérité, mais il n'attaque personne ; il montre le mal dans son horreur, mais il ne signale pas à la haine publique ceux qu'il en suppose les auteurs. Aussi, les bons sont raffermis dans l'amour du bien, les méchants sont ébranlés, tous sont entraînés par cette charité persuasive : TRAHAM EOS IN VINCULIS CARITATIS !

CHAPITRE VIII.

Corona aurea super mitram ejus, expressa signo sanctitatis et gloria honoris.
Eccli. XLV. 14.

Cérémonies publiques. — Palais-de-Justice. — Bénédiction de navires. — Les Incurables. — Distributions de Prix. — Le Lycée. — Saint-Charles. — Mgr Epivent. — Son Sacre. — Le Cardinal Donnet à Saint-Brieuc. — Pèlerinage. — Fêtes paroissiales.

Les cérémonies religieuses donnent lieu à l'évêque de se produire au milieu du peuple : l'éclat dont elles sont entourées, la pompe qui les rehausse, la majesté des chants de l'Eglise, la splendeur des ornements des pontifes, tout, jusqu'à l'apparence extérieure de celui qui les préside, contribue à augmenter le respect dont elles sont dignes et à en conserver le souvenir. Tant il est vrai qu'ils ne comprenaient guère le cœur humain, ces réformateurs qui remplacèrent la poésie de nos églises gothiques par la prosaïque froideur de leurs salles de prières, qui firent descendre de leur piédestal les statues vénérées de nos saints, qui repoussèrent du temple les fleurs, ce ravissant tribut de la nature, la musique, cet écho affaibli des chœurs célestes, et qui firent succéder aux mitres précieuses et aux chapes d'or de nos évêques, l'habit noir et la cravate blanche de leurs ministres compassés. Le protestantisme, aux formes insinuantes, a beau vouloir s'implanter sur le sol breton, il n'y poussera jamais de racines. Le culte extérieur a trop d'attraits et de charmes pour nos populations catholiques, il est trop identifié avec leur vie, pour qu'on puisse jamais lui substituer cette prétendue religion, qui voudrait enlever à Dieu tant d'hommages populaires.

Pendant le court épiscopat de Mgr Martial, il lui fut donné de présider à quelques-unes de ces cérémonies, où se manifesta sa dignité de pontife : cérémonies religieuses, magnifiques en elles-mêmes ; cérémonies civiles, qui empruntent à l'élément religieux leur véritable beauté, et qui, sans le concours qu'elles réclament avec raison, se réduiraient, le plus souvent, à cette raideur officielle dont l'étiquette ne laisse jamais une longue mémoire. Nous voulons conserver le souvenir de quelques-unes de ces fêtes locales que le bon Evêque anima par sa présence, et qu'il embellit par les pompes de la religion.

En mars 1859, il fut appelé à bénir la première pierre du Palais-de-Justice, dont l'imposante construction s'achève en ce moment. C'était une fête judiciaire : le tribunal, le barreau, les avoués étaient réunis ; c'était une fête départementale : M. le Préfet et les autorités de tous les ordres y assistaient. Le concours de l'Evêque et du clergé en rehaussa encore le caractère par cette solennité toute spéciale que présentent les fêtes religieuses. De remarquables discours y furent prononcés, par M. le Préfet, par M. le Maire de la ville, par M. le président de Lecousselle ; mais celui qui, en raison de la dignité de l'orateur et de l'autorité de sa parole, produisit sur le nombreux auditoire l'impression la plus profonde, fut le discours prononcé par Mgr Martial sur les attributs divins de la justice exercée par le magistrat, de la miséricorde exercée par le prêtre. Il démontra que la magistrature est un véritable sacerdoce, et qu'à ce titre, elle est digne du souverain respect de tous. Puis, s'adressant aux avocats :

« Je ne peux pas, Messieurs, dit-il, terminer cette allocution, que je nommerai, si vous voulez le permettre, les épanchements du cœur d'un évêque au milieu de quelques-uns de ses fils aimés, qu'il respecte sincèrement et qu'il aime avec tendresse ; je ne peux, dis-je, terminer cet entretien paternel sans adresser une parole au barreau éclairé de cette ville, dont les membres doivent se trouver ici. N'oubliez pas, Messieurs, leur dirai-je, n'oubliez jamais que tout ce que vous avez de talent, d'éloquence, que tout ce que vous avez acquis d'illustration, vous le devez à Dieu. N'oubliez pas qu'il faut que vous soyez pour Messieurs les Juges, devant lesquels vous défendez les intérêts de vos concitoyens : *Vox clamantis... parate viam Domini et rectas facite semitas ejus.* Oui, à vous est départie la très-honorable tâche de préparer les voies à la vérité, d'écarter tout ce qui pourrait ternir l'éclat de ses rayons, ou l'empêcher de parvenir auprès des juges. Et chacun de vous sait bien que dans la parole de saint Jean-Baptiste, se trouvait une respectueuse, mais noble indépendance. » — Ainsi le vénérable Evêque savait adresser à chacun la parole qui lui convient, et tirer parti de toutes les circonstances au profit de la religion.

C'est ce qu'il fit encore, dans la même saison, en procédant à la bénédiction solennelle des navires, à Paimpol, au Légué et à Binic. Nous avons déjà dit qu'il avait choisi cette époque pour faire ses visites pastorales dans les ports du littoral, à cause du prochain départ de nos marins. Sa présence sur le rivage de la mer, en face de ces flottilles commerciales qui allaient sillonner l'océan, la bénédiction qu'il venait répandre sur les entreprises et les travaux de nos rudes navigateurs, fut, dans ces trois ports, l'occasion de démonstrations touchantes : arcs de triomphe, décorations empruntées aux attributs maritimes, processions pieuses et pittoresques sur les quais et les grèves, illuminations improvisées, salves d'artillerie et chants religieux, rien ne manqua à ces gracieuses fêtes, que la parole pleine de puissance et d'onction du saint Pontife anima et sanctifia.

Mgr Martial aimait ces cérémonies publiques, si capables de réveiller la foi ou de l'entretenir dans le cœur des peuples. Aussi la première fois qu'il assista à la procession de clôture du mois de Marie, cette solennité qui, chaque année, présente aux fidèles un spectacle si beau et si propre à les attacher au culte de la Mère de Dieu, le vénérable Prélat, au reposoir resplendissant de lumières qui s'élevait sur la place principale, fit entendre à l'immense foule qui l'entourait, sa parole si pieuse et si vive: il remercia le clergé et le peuple, et témoigna sa joie de la manifestation religieuse dont il était témoin.

Quelques jours après, cette voix chère à tous célébrait les bienfaits de la charité à la cérémonie de la bénédiction de la première pierre de l'Hospice des Incurables. Cet asile de la souffrance, si nécessaire, manquait à notre département : le zèle d'une sainte femme, la Sœur Geray, secondé par l'autorité administrative et par la bienfaisance chrétienne, soutenu par l'actif concours des Religieuses de l'Hospice, parvint en peu de temps à réaliser ce qui avait semblé, pendant plusieurs années, un projet de difficile exécution. A la cérémonie du 24 juin 1859, Mgr l'Evêque racontait, dans son allocution, les commencements de cette œuvre, que le saint Pontife a eu le bonheur d'inaugurer avant de mourir :

« L'œuvre est acceptée, disait-il, par la vénérable Sœur Geray, et les prodiges opérés ailleurs, par cette bonne religieuse, seront reproduits parmi nous. En effet, le diocèse est parcouru presque en un clin-d'œil, des sommes considérables sont recueillies, et voici qu'en quelques mois un vaste terrain est acquis, et aujourd'hui, sans agir avec témérité, sans imprudence aucune, on peut poser la première pierre de ce nouvel établissement. Cet asile va s'élever par les soins d'un habile architecte, et vers la fin du mois d'octobre prochain, déjà seront construites des salles assez spacieuses pour recevoir cinquante incurables. Sous l'influence si justement méritée de M. le Préfet, nous avons tous lieu d'espérer que le Conseil-Général voudra bien voter des fonds pour les besoins de cet hospice, et créer des ressources suffisantes pour mettre à la disposition de chaque arrondissement un certain nombre de lits. Viendront ensuite les fondations particulières. Je ne m'exprime pas avec assez d'exactitude : déjà M. le comte Rivaud de La Raffinière a bien voulu prendre à sa charge l'entretien d'un infirme dans cet hospice. Or, votre Evêque ne pouvait pas ne point suivre un si noble exemple : aussi ai-je contracté l'obligation de procurer personnellement la pension d'un incurable, et d'ordonner, pour une œuvre si recommandable, une quête annuelle dans toutes les églises de notre diocèse, quête qui, certainement, produira de quoi établir quatre autres lits. Ainsi, chaque arrondissement se trouvera par là même avoir acquis le droit d'obtenir l'admission d'un de ses incurables.

» Daigne le Seigneur, dit-il en terminant, bénir la pierre que nous allons placer, donner du développement à cette sainte entreprise, et procurer ainsi un abri à un grand nombre d'incurables, venus des divers points de ce vaste département. »

Rien n'était plus agréable à Mgr Martial que ces fêtes, où son cœur aimant pouvait à l'aise s'épancher : les fêtes de la charité, comme celle dont nous venons de parler ; les fêtes de la jeunesse surtout, à laquelle il portait un si vif intérêt. Malgré ses occupations si nombreuses, il se plaisait à assister aux distributions des prix des pensionnats, des communautés religieuses, des plus humbles écoles : il arrivait le front souriant, et, dans son âme bienveillante pour tous, il trouvait toujours quelque parole flatteuse à adresser aux maîtres et quelque encouragement à donner aux jeunes élèves. Il aimait surtout à présider la distribution des prix de l'Institution St-Charles, de cette maison fondée par son vénérable Prédécesseur, dirigée par de dignes et savants maîtres et soutenue par la confiance des familles. Le Lycée Impérial, où il était heureux de trouver une administration morale et vigilante, avait aussi toutes ses sympathies : il daigna accorder à cet établissement la faveur de sa visite annuelle pour la Confirmation, et quand une prescription relative aux préséances, et que l'on ne peut guère expliquer, priva ce vénérable Pontife de la place honorifique occupée par l'évêque de temps immémorial, il n'en vint pas moins s'asseoir humblement aux pieds de l'estrade officielle, pour témoigner à tous que les chefs du Lycée n'étaient point la cause de cette bizarre exclusion.

Il était l'homme de l'union et de la paix, et cette parole qu'il avait prononcée le jour de sa réception solennelle, *Cor unum et anima una,* il la redisait encore à la distribution des prix de Saint-Charles de 1859, en se félicitant de voir à cette réunion de famille les chefs de l'enseignement universitaire. Ce jour-là aussi, à ses côtés était assis un prêtre dont la présence lui inspira de sympathiques paroles. La veille, fête de saint Guillaume, à l'issue des Vêpres, Mgr Martial avait annoncé au clergé et aux fidèles que M. l'abbé Epivent, curé de la cathédrale de Saint-Brieuc depuis vingt-deux ans, venait d'être nommé à l'évêché d'Aire. Cette nouvelle, qui avait vivement impressionné une ville où Mgr Epivent était apprécié et aimé, fut l'occasion de l'éloge que Mgr Martial fit, le lendemain, à Saint-Charles, du talent et des vertus du zélé collaborateur qu'il allait perdre.

Le sacre de Mgr l'Evêque d'Aire eut lieu dans la cathédrale de Saint-Brieuc, le dimanche 20 novembre, un an, jour pour jour, après le sacre de notre vénérable Evêque, qui avait voulu imposer au nouvel élu ses mains sacrées et paternelles. Mgr Martial était le consécrateur, assisté de Mgr Sergent, évêque de Quimper, et de Mgr Jacquemet, évêque de Nantes. Par les soins de Monseigneur l'Evêque de Saint-Brieuc, Mgr Saint-Marc, élevé depuis peu de temps à la dignité de métropolitain de l'Armorique, et plusieurs autres évêques, avaient été invités à la cérémonie. Diverses circonstances les empêchèrent de s'y rendre, et Mgr l'Archevêque, attendu la veille encore, fut retenu par une indisposition dans sa ville épiscopale. Les préparatifs de la fête étaient magnifiques : elle fut digne, par sa splendeur, de l'auguste mystère qu'opérait en ce jour la vertu féconde du sacrement de l'Ordre. Mgr Martial, avant l'onction du Saint-Chrême, adressa à l'Evêque consacré une touchante allocution sur la dignité de l'Episcopat, sur les devoirs et les vertus d'un évêque : la science et la charité évangéliques s'y trouvaient heureusement alliées.

La fête devait être complète : le soir, une assemblée de charité était présidée par les quatre Evêques, et le lendemain, Mgr l'Evêque de Quimper, assisté de NN. SS. Martial et Epivent, bénissait la première pierre du nouvel établissement destiné à l'Institution Saint-Charles. Après quelques jours, Mgr l'Evêque d'Aire partait pour son diocèse, laissant à Saint-Brieuc des regrets et des souvenirs. A la cérémonie de son sacre, il avait adressé de toute son âme, à son vénérable Consécrateur, ces souhaits de longue vie que la liturgie catholique a placés dans la bouche de l'évêque consacré comme un témoignage de reconnaissance et d'amour pour celui qui vient de l'enfanter à l'épiscopat. *Ad multos annos!* disait-il ; à de longues années ! Hélas ! ces longues années, que le Ciel semblait réserver à Mgr Martial, ont été prématurément arrêtées dans leur cours, et Mgr Epivent ne devait plus revoir en ce monde le pieux Pontife qui l'avait sacré.

L'année suivante, en 1860, le cœur de Monseigneur Martial fut inondé de joie : l'éminent Pontife dont il avait partagé, pendant vingt ans, les travaux et les sollicitudes, l'illustre cardinal Donnet, dont notre Evêque aimait tant à nous entretenir, dont il parlait avec tant de tendresse et de vénération, vint visiter, à Saint-Brieuc, son ancien vicaire-général, son compagnon fidèle et dévoué, son fils et son ami. Monseigneur notre Evêque, sensible à cette affectueuse démarche de la part d'un Prince de l'Eglise et de l'Empire, en avait prévenu à l'avance ses diocésains : chacun ressentait l'honneur fait à l'Evêque, au diocèse et à la ville, par la visite du haut dignitaire ecclésiastique dont la réputation de science, d'éloquence et de sainteté était déjà bien établie parmi nous, mais dont le nom était devenu presque populaire depuis qu'il avait, pour ainsi dire, envoyé vers nous notre Evêque bien-aimé, depuis que, dans sa charité, il avait dit que désormais il avait sur la terre une famille diocésaine de plus à chérir.

Aussi quand, le samedi soir, 26 mai, l'éminent Cardinal-Archevêque de Bordeaux arriva à Saint-Brieuc, bien qu'il ne voyageât pas officiellement, bien qu'il n'eût pas songé aux honneurs dus à son rang de Prince de l'Eglise et de membre du Sénat, il fut accueilli cependant par les salves d'artillerie, par les joyeuses sonneries de nos églises et chapelles, et par un nombreux clergé, escorté de nos milices urbaines, qui s'était rendu avec l'Evêque aux portes de la ville. Son Eminence fut conduite processionnellement à la cathédrale : Elle y reçut les souhaits de bienvenue de Mgr Martial; Elle y répondit par d'affectueuses paroles, et arrivée à l'évêché, Elle y trouva M. le Préfet et tout le cortége des autorités, qui était venu spontanément payer un tribut d'hommages mérités à l'insigne dignité du Pontife. Le lendemain, fête de la Pentecôte, Mgr le Cardinal officia pontificalement à la cathédrale, et il prêcha à une foule immense, accourue pour le voir de toutes les parties du diocèse.

Chacun admirait cette tête vénérable, aussi imposante que gracieuse, cet œil étincelant d'esprit et en même temps plein de douceur et d'aménité, et on recueillait avec bonheur cette parole facile, élégante, et en même temps entraînante et persuasive, qui tombait des lèvres de l'auguste Cardinal. Le lundi 28 mai, Son Eminence fit entendre, à la bénédiction de la première pierre de la chapelle du Lycée

Impérial, cette parole pleine de charme et d'autorité. Elle présidait cette cérémonie, où M. le Recteur de l'Académie de Rennes représentait le Ministre de l'Instruction publique, empêché, et, sur l'auditoire d'élite qui était groupé dans la cour d'honneur du Lycée, son allocution produisit une impression profonde et durable. Ainsi, la simplicité bienveillante, l'aimable et spirituelle bonté du Cardinal, ravirent tous ceux qui furent admis à le voir de près; et Mgr Martial, par de nombreuses invitations, procura ce bonheur à tous les hommes distingués du pays, pendant le court séjour de Son Eminence à Saint-Brieuc.

Mgr le Cardinal-Archevêque ne voulut pas quitter la Bretagne et le diocèse de Saint-Brieuc avant de s'être rendu en pélerinage à N.-D. de Bon-Secours de Guingamp. Cette ville eut l'honneur de sa visite le mardi de la Pentecôte: Mgr Martial accompagnait Son Eminence, qui célébra la Messe et officia aux Vêpres dans cette église, célèbre par le culte de la Mère de Dieu. A Guingamp, comme à Saint-Brieuc, la réception faite à l'illustre Pélerin fut digne de la foi qui caractérise cette ville, digne de l'éminent Cardinal qu'elle recevait, et l'âme de notre Evêque, sensible à ces honneurs rendus à son bien-aimé Père dans l'épiscopat, éprouva de douces émotions. Le 30 mai, Mgr Donnet quittait le diocèse de Saint-Brieuc, où son rapide passage a laissé parmi nous de suaves souvenirs. Le lendemain de son départ, Mgr Martial présidait à la clôture du mois de Marie, le matin à l'église érigée sous le vocable de saint Guillaume, patron du diocèse et de l'Evêque, et le soir à la procession annuelle de Notre-Dame d'Espérance.

Ainsi, l'infatigable Prélat aimait à honorer de sa présence les cérémonies publiques : malgré ses occupations nombreuses, malgré des voyages incessants, il se rendait volontiers dans les paroisses les plus lointaines, sur l'appel du pasteur, pour assister à la clôture d'une mission, pour bénir un calvaire, pour rendre plus solennelle une fête patronale. A Saint-Michel de Saint-Brieuc, il avait voulu, dès les premiers jours de son épiscopat, assister à la fête de l'Archiconfrérie de Notre-Dame des Victoires, célébrée dans cette église. Il aimait particulièrement cette paroisse, dont il appelait le digne curé, M. l'abbé Pinochet, « son premier enfant, » parce que, par son premier acte épiscopal, il l'avait nommé à cette cure importante : aussi aimait-il à visiter cette église et à se trouver au milieu de ce peuple, toujours heureux de le posséder. Sa belle, sa bonne figure, son extérieur imposant et pieux, inspiraient à tous ce profond sentiment de foi, de recueillement et d'amour divin qui respirait dans toute sa personne. On pouvait dire de lui ces remarquables paroles que l'Ecriture applique à la majesté d'Aaron, le grand-prêtre : « Une couronne d'or brille sur sa mitre étincelante, c'est le signe de la sainteté, c'est la gloire de sa dignité, et, avant lui, on ne vit rien de si beau : *Corona aurea super mitram ejus, expressa signo sanctitatis et gloria honoris.... sic pulchra ante ipsum non fuerunt talia* (1) ! »

---

(1) Eccli. XLV. 14. 15.

CHAPITRE IX.

Traham eos in vinculis caritatis.
OSÉE. XI. 4.

Mgr Martial dans son intérieur. — Sa Piété. — Œuvre des Tabernacles. — Mgr Martial homme du monde. — Sa Charité. — Son Economie. — L'Enfant de Ploufragan. — Epidémie de Quessoy. — Les Incendiés de Coadout. — Les Ecoles. — L'abbé de Lamennais. — Service funèbre. — Mort de Sœur Térèse de Saint-Augustin.

« Je les attirerai tous à moi par les liens de la charité. » C'était par cette douce parole que Mgr Martial s'était annoncé à son diocèse. Nous avons montré, dans cette incomplète esquisse, comment il avait réalisé cette devise par ses nombreuses visites aux paroisses confiées à ses soins, par ses prédications touchantes, par son zèle pour les intérêts de son clergé, par son ardeur pour le salut des âmes, par son esprit de conciliation dans les débats de la politique, et par la splendeur dont il aimait, par sa présence, à entourer les cérémonies religieuses. Mais c'est dans la vie privée du Prélat, dans sa piété, dans son inépuisable charité, dans son abnégation de lui-même, dans son amour pour les pauvres et pour les petits, que se retrouve surtout la réalisation de cette promesse ineffable : « Je les attirerai tous à moi ! » Tâche délicieuse et facile que de redire les vertus privées du saint Evêque : c'est un suave parfum que tous ont respiré, que tous ont savouré, et, dans notre diocèse, clergé et fidèles, hommes de toutes les classes et de tous les partis, croyants et incroyants, riches et pauvres, il les attirait tous par cette odeur divine de la charité du Christ (1).

La source de la charité, c'est la piété : c'est cette vertu surnaturelle du devoir rempli à cause de Dieu et par cet amour de Dieu qui rejaillit sur tous les êtres où Dieu a empreint son image. On sait si Mgr Martial était pieux. Il suffisait de le voir célébrer la Messe ou présider à l'administration des sacrements réservés

(1) *Trahe me : post te curremus in odorem unguentorum tuorum.* CANTIC. I. 3.

à l'évêque, pour être édifié de la profonde piété qui resplendissait dans ses traits vénérables. Il était tout entier à la grande affaire qui l'occupait, il était tout à Dieu : rien de ce qui se passait autour de lui ne pouvait le distraire. Combien de fois les fidèles ne l'ont-ils pas remarqué aux offices de sa cathédrale, où il était si assidu : jamais il ne levait les yeux, jamais il ne semblait fatigué de la longueur de la prière, et quand il était agenouillé sur son prie-Dieu, le front incliné dans ses mains sacrées, c'était le recueillement en personne. Avec quel accent de conviction il prononçait les paroles liturgiques ! On voyait que l'habitude de les dire ne lui en faisait pas oublier le sens mystérieux et divin ; et un témoin oculaire nous racontait qu'à une confirmation où Mgr Martial administrait ce sacrement à plus de trois cents enfants, le pieux Evêque articulait avec la même ferveur les paroles sacramentelles en confirmant le dernier des enfants, qu'il l'avait fait pendant toute la durée de cette longue cérémonie.

Dans ses voyages, comme dans son palais épiscopal, il consacrait de longues heures à la prière et à la méditation : il les prenait souvent sur son sommeil, ou plutôt son sommeil était lui-même une prière. Il était toujours défiant de lui-même, et, dans son exquise délicatesse de conscience, il se confessait souvent ; il était inquiet, agité, quand il avait quelque chose à se reprocher, et il ne pouvait se livrer au repos de la nuit sans avoir avoué sa faute ou son imperfection au guide de son âme. Aux derniers jours de sa vie, une souffrance dont il se plaignait à peine révéla la ferveur de sa prière solitaire ; le saint Evêque avait la coutume de réciter chaque jour son bréviaire à genoux, et ses genoux portaient la trace douloureuse de cette pieuse habitude.

Mgr Martial avait dirigé à Bordeaux une œuvre religieuse destinée à orner les églises pauvres et les tabernacles où Jésus-Christ s'enferme pour vivre avec les hommes. Cette œuvre de zèle pour le Sacrement de nos autels s'établit aussi à Saint-Brieuc, et le puissant concours de l'Evêque ne devait pas lui manquer. Aussi écrivait-il, le 19 février 1860 : « C'est avec bonheur que je verrai l'Œuvre des Tabernacles et des pauvres Eglises prendre de l'accroissement dans le diocèse de Saint-Brieuc et Tréguier. J'appelle les bénédictions de Dieu sur les pieuses âmes qui l'ont entreprise, sachant, par ma propre expérience, combien une telle

Association peut contribuer à la gloire de notre divin Maître, renfermé par amour pour nous sous les espèces eucharistiques. »

La piété de Mgr Martial, simple comme elle l'est toujours quand elle est vraie, n'enlevait rien à l'aménité de son caractère : elle contribuait, au contraire, à augmenter encore, s'il est possible, cette charmante gaieté qui rendait son abord si agréable à tous. Mgr Martial, appartenant par sa naissance à une famille riche et bien posée, ayant vécu pendant tout son sacerdoce dans une grande ville, où il entretenait des relations avec la haute société, était ce qu'on appelle un homme du monde, dans la meilleure acception du mot : c'est-à-dire qu'il recevait dans ses salons avec un mélange naturel de dignité et d'affabilité, qu'il avait toujours une parole flatteuse à adresser à ses visiteurs, et qu'il ne se dispensait pas, quoique évêque, de rendre à domicile, avec une grâce et une politesse exquises, les visites qu'on lui faisait à son palais épiscopal. Il conviait souvent à sa table les fonctionnaires de la ville et des laïques appartenant à divers partis politiques : homme de tous, il ne voulait pas faire acception de personnes. On se sentait à l'aise chez lui, parce qu'il était gracieux pour tous, et il s'entretenait particulièrement avec le plus humble de ses convives, comme avec le plus haut personnage de ces véritables réunions de famille.

Mais ceux qu'il recevait le mieux encore dans ses salons, c'étaient les pauvres, c'étaient ceux qui allaient lui confier leurs peines, et demander à son cœur de père et d'ami une consolation, un soulagement et une aumône. Une vieille femme du peuple, un malheureux ouvrier, un infirme, une veuve se présentaient-ils à la porte de l'évêché ? Monseigneur les accueillait avec affabilité ; il leur offrait un fauteuil, il écoutait, avec une patience inaltérable, les longues doléances et les interminables récits de ces braves gens ; il prenait note de leurs besoins, il leur remettait de larges aumônes, il daignait les reconduire lui-même, et, détail qui prouve bien la sincérité de sa charité, il les invitait, le plus souvent, à revenir le voir aux époques surtout où les loyers sont payables. Cette générosité du Prélat fut bientôt connue dans tout le diocèse : le nombre de lettres qui lui étaient adressées pour solliciter des faveurs et des secours pécuniaires est incalculable. Abusait-on quelquefois de son bon cœur ? C'est possible : tant pis pour ceux qui le trompaient ! Mais lui, il ne savait jamais refuser. Que de loyers acquittés pour des pauvres ! que de mois d'école payés pour leurs enfants ! que de secours envoyés à toutes les bonnes œuvres établies dans le diocèse !

Ce n'était pas sans raison que, rendant un douloureux et funèbre hommage au charitable Evêque, nous écrivions au lendemain de sa mort : « Je les attirerai tous à moi par les liens de la charité. » Qui ne rendrait témoignage à cette générosité intarissable et toujours gracieuse qui caractérisait Mgr Martial ! Il donnait, et il donnait largement : pas de misère qu'il ne secourût, pas d'infortune à qui il ne tendît la main, et si les abondantes aumônes qu'il répandait dans toutes les parties de son vaste diocèse le faisaient bénir des pauvres et des malheureux, combien ne doivent-elles pas aujourd'hui être bénies et couronnées, ces aumônes discrètes, ces libéralités mystérieuses que son humilité accomplissait sous l'œil de Dieu ! Sa préoccupation, son souci, c'étaient les pauvres : il se réjouissait naguère, en revenant de Bordeaux, du rendement fécond de ses vignobles, parce que, disait-il, l'hiver de ses enfants s'en ressentirait. Aussi, à son retour, il allait, comme les années dernières, dans nos écoles primaires, caresser et bénir les enfants du pauvre, et s'enquérir de leurs habillements de la saison ; aussi, il y a peu de semaines, il faisait venir pour ses chers pauvres des tapis destinés à leurs grabats, et, de ses mains vénérables, il examinait ces couvertures : il voulait qu'elles fussent bonnes, chaudes et moëlleuses... Oh ! que ces petits détails sont rehaussés par la charité, et que l'Evêque était grand quand il s'en occupait avec la sollicitude d'une mère (1) ! »

Tandis qu'il consacrait six cents francs à l'achat de ces couvertures destinées aux pauvres, tandis qu'il ne croyait rien de trop bon pour les autres, Mgr Martial, économe pour lui-même, renonçait à l'achat d'une soutane neuve, parce qu'il en trouvait le drap trop cher, et il était, pour les objets nécessaires à sa personne, d'une simplicité, nous dirions presque d'une parcimonie dont les preuves n'ont pas manqué après son décès. C'est que le vénérable Prélat ne pensait pas à lui-même : il faisait abnégation de tout ce qui pouvait lui être personnel. Combien de fois, le voyant épuisé par les fatigues, malgré la vigueur de

(1) *Armorique* du 1er janvier 1862.

son tempérament, ses conseillers l'engagèrent-ils en vain à prendre un repos qui lui aurait été si utile! Mais quand il pouvait travailler, il le faisait, coûte que coûte; il disait quelquefois que c'est seulement dans le Ciel qu'un évêque de Jésus-Christ doit s'attendre à trouver le repos.

En 1859, Monseigneur donnait la Confirmation à Ploufragan, paroisse voisine de Saint-Brieuc. Après la cérémonie, dans le cours de la conversation, on vint à parler d'un petit enfant de dix ans qui devait être confirmé ce jour-là, mais que la maladie retenait chez lui. Le bon Evêque voulut aller le voir : l'heure avancée, la distance d'une lieue, et les difficultés du chemin, détrempé par une forte pluie, rien ne l'arrête. Il arrive à l'humble chaumière : la foule émue et reconnaissante l'avait suivi. Il entre, il exhorte le petit enfant, et pendant que le prêtre confesse ce jeune confirmant, Monseigneur entretient avec affabilité les paysans réunis et leur distribue des images comme souvenirs. Puis, après avoir confirmé le petit malade, Sa Grandeur s'éloigne de la paroisse, laissant tous les cœurs sous l'impression de son évangélique charité.

L'année suivante, en mars 1860, une épidémie cruelle sévit dans la paroisse de Quessoy. Le recteur, M. Priol, sollicita de Monseigneur l'autorisation de faire une procession publique pour la fête de l'Annonciation. Monseigneur n'envoya pas de permission, il vint lui-même; et après la Messe, qu'il célébra, après avoir exhorté les assistants à la patience, il voulut parcourir la paroisse, avec M. le Recteur et M. Limon, son secrétaire, pour visiter les malades. « La pluie qui tombait assez fort, écrivait-on à un journal, et la boue qui remplissait les chemins, ne pouvaient l'arrêter, quoiqu'il fût à pied. « Ce n'est rien, disait-il en riant, je veux voir mes enfants souffrants. » En effet, il montait jusqu'à leurs lits incommodes, s'agenouillait, s'il était nécessaire, pour les approcher de plus près, s'informait de leur état, et les encourageait, en leur disant un mot de Dieu. Il félicitait ceux qui étaient guéris, consolait ceux qui avaient perdu leurs parents ou leurs enfants, bénissait les veuves et les orphelins, et laissait aux pauvres des marques de sa libéralité : ainsi imitait-il le divin Maître, qui passait dans le monde en faisant le bien.

» A deux heures du soir, les fidèles, aussi nombreux que le matin, étaient réunis à l'église paroissiale. La pluie cessant à propos, permit de faire la procession en l'honneur de la sainte Vierge et de saint Joseph. Arrivé à la chapelle de la station, Monseigneur, avec un accent entraînant, excita la dévotion de son auditoire envers le bienheureux Epoux de la Mère de Jésus. Il émit le vœu que le très-grand Saint reçût désormais dans cette chapelle un culte spécial, et remarquant qu'elle avait besoin de réparations, il s'inscrivit pour la somme de trois cents francs en tête d'une souscription ouverte à cet effet (1). »

Un mois après ce touchant voyage de Monseigneur Martial, dans une autre partie de son diocèse, un grand malheur survint. Au bourg de Coadout, près de Guingamp, un incendie avait éclaté un dimanche, pendant la grand'-Messe. Nos campagnes sont bien éloignées des secours : quand les pompiers et les gendarmes de Guingamp arrivèrent, un désastre épouvantable avait eu lieu. Plusieurs maisons étaient en feu, trois victimes avaient trouvé la mort dans les flammes, onze personnes étaient couvertes de blessures. L'autorité et la population de la ville rivalisèrent de zèle et de dévouement pour remédier, autant que possible, à un aussi

(1) *Foi Bretonne* du 31 mars 1860.

grand malheur. Mgr l'Evêque pouvait-il y rester indifférent? Il était absent de Saint-Brieuc : à son retour, ayant appris cet événement, il voulut, sans retard, aller offrir à ces infortunés ses consolations et ses secours. « Il partit donc aussitôt pour Coadout, dit un journal, et, là, parcourut la paroisse, traversant à pied des prairies remplies d'eau. Après avoir ranimé le courage de ces braves gens par sa présence et des paroles touchantes, Monseigneur versa d'abondantes aumônes entre les mains de M. le Recteur et de M. le Maire. Mais le charitable Prélat n'avait pas encore rempli la tâche qu'il s'était imposée : il lui restait à voir les blessés qui, par suite de la gravité de leurs blessures, avaient dû être transportés à l'hospice. Il alla donc aussi les visiter et leur prodiguer les plus paternelles consolations. Hélas ! une des victimes venait d'expirer avant sa visite. Le Prélat ne rentra à Saint-Brieuc qu'au milieu de la nuit (1). »

De pareils traits ne sont-ils pas suffisants pour faire connaître l'active charité du bon Pasteur ? On ne peut s'étonner si ce cœur si tendre, cette âme si naïve et si franche, aimait

(1) *Armorique* du 25 avril 1860.

d'un amour de prédilection les petits enfants. Quand on le voyait, le long des rues et des chemins, s'arrêter à chaque instant pour leur parler, pour leur imposer les mains, pour les bénir, on se rappelait la douce parole du divin Maître : « Laissez venir à moi les petits enfants, parce que le royaume des cieux est à qui leur ressemble (1). » Aussi, nous l'avons dit, Mgr Martial visitait chaque année les écoles, et il prenait souci de tout ce qui les intéressait. C'est pourquoi il était animé des meilleures dispositions en faveur de l'institution si utile et si chrétienne des Frères Lamennais, qui donnent le bienfait de l'instruction primaire dans quatre-vingt-dix-huit communes de notre département.

Il était allé, en 1860, à Ploërmel, présider les exercices de leur retraite annuelle; il avait nommé chanoine honoraire de sa cathédrale leur vénérable fondateur, M. J.-M. de Lamennais, ancien vicaire-général de notre diocèse; et quand M. l'abbé de Lamennais quitta cette vie pour un monde meilleur, Monseigneur voulut assister au service solennel célébré pour le

(1) *Sinite parvulos venire ad me, quoniam talium est regnum cœlorum.* MATTH. X. 14.

repos de son âme dans la chapelle des Filles de la Providence de Saint-Brieuc, dont il était aussi fondateur et supérieur. « C'est pourquoi, disait le panégyriste de M. de Lamennais (1), c'est pourquoi, Monseigneur, vous m'ordonnez aujourd'hui de monter dans cette chaire. Ainsi que vous vous êtes plu à le redire, il s'agit d'un homme qui a bien mérité de la sainte Eglise universelle, et que votre Eglise de Saint-Brieuc doit mettre au rang de ses bienfaiteurs insignes. Déjà vous avez commencé de lui payer notre dette : il nous souvient de la délicatesse avec laquelle vous répariez naguère un oubli immérité ; votre présence à cette cérémonie funèbre, malgré la cruelle douleur qui vous afflige ; la pompe dont vous avez voulu l'entourer, attestent que la reconnaissance de l'Evêque sait poursuivre son objet, même au-delà du tombeau. »

« La cruelle douleur qui vous afflige, » avait dit l'orateur sacré. En effet, ce jour-là même, Mgr Martial était frappé dans ses plus chères affections de famille : il recevait la nouvelle de la mort de sa sœur, Madame Virginie Martial, en religion Sœur Térèse de Saint-Augustin,

(1) M. l'abbé Bélouino, qui prononça l'oraison funèbre.

novice professe des Carmélites de Bergerac, âgée de soixante-cinq ans et de religion deux ans et neuf mois. Nous avons dit que cette pieuse Dame était entrée dans le cloître peu de temps avant l'élévation de son frère à l'épiscopat (1) : la tendre affection qu'elle avait pour lui, lui inspira plusieurs fois la crainte « que son zèle ardent ne l'entraînât à faire plus que ses forces physiques ne lui permettaient (2). » Peu de jours avant sa mort, elle ne put s'empêcher de témoigner à la Prieure de son monastère qu'elle craignait bien que l'Eglise de Saint-Brieuc ne fût prématurément privée des services que son Evêque pouvait lui rendre. Elle alla même jusqu'à demander à Dieu qu'il daignât abréger ses jours, en prolongeant ceux de l'Evêque. La Providence, qui avait ses desseins, ne devait pas exaucer entièrement sa prière.

En rentrant du service de M. de Lamennais, Monseigneur reçut la dépêche qui lui annonçait la mort de sa sœur. Son cœur en fut profondément affligé : il était si sincèrement attaché à sa famille ! Mais il passa une heure

(1) Page 35.

(2) Lettre du 24 janvier 1861, de la Sœur Saint-Joseph, supérieure.

aux pieds de Dieu, dans sa chapelle, et les espérances chrétiennes furent victorieuses de la nature ! Hélas ! il ne devait pas longtemps lui survivre !

CHAPITRE X.

Bonus pastor animam suam dat pro ovibus suis. JOAN. X. 11.

Le soir de la vie. — Voyage de Paris. — Le R. P. Minjard. — Ses Conférences. — Ordination. — Voyage au Haut-Corlay. — Gaieté du Prélat. — Au revoir, mes petits enfants. — Indisposition. — Mort de Monseigneur Martial. — Ses Funérailles. — Deuil général. — Regrets à Bordeaux. — Monseigneur Sergent. — *Mori lucrum !*

Voici maintenant le récit des derniers jours de cet Evêque si pieux, si bon, si charitable, et dont il semble que la vie terrestre devait être bien longue encore. Quand un père bien-aimé n'est plus, on recueille précieusement le souvenir des actions qu'il fit avant de disparaître de ce monde ; on s'en rémémore les moindres détails, et l'on éprouve une douce amertume en se livrant à cette espèce de revue rétrospective d'une activité évanouie : comme si l'on pouvait, par ce travail de la pensée, se faire illusion sur ce qui s'est passé, et ressaisir le fil, déjà tranché par la mort, d'une existence qui n'est plus qu'un songe !

Dans les premiers jours de l'Avent de 1861, Mgr Martial était parti pour Paris. Il n'allait point à la capitale chercher pour lui des faveurs et des honneurs : il y allait pour le bien de son diocèse, pour faire connaître au gouvernement la nécessité de la reconstruction de sa cathédrale. Nous avons dit les espérances qui lui furent données (1). Mais, en arrivant à Paris, Monseigneur éprouva une agréable surprise : Son Eminence le cardinal Donnet, qui s'y trouvait aussi, était descendu au même hôtel que Sa Grandeur. Ce fut pour les deux vénérables Pontifes une véritable joie que de se revoir : ils s'aimaient tant ! et Monseigneur, de retour à Saint-Brieuc, se réjouissait d'avoir rencontré à Paris l'éminent Archevêque de Bordeaux, et d'avoir eu le loisir de passer avec lui quelques heureux instants. C'était la dernière fois que Mgr Donnet retrouvait dans ce monde son ami de vingt ans, son fidèle et dévoué vicaire-général.

(1) Page 81.

Mgr Martial avait appelé, pour prêcher la station de l'Avent à la cathédrale, le Révérend Père Minjard, des Frères-Prêcheurs, disciple de l'illustre restaurateur de l'Ordre de saint Dominique en France, et son émule pour l'éloquence. Dès le début de la station, le R. P. Minjard, par son talent et son genre inconnus à son auditoire, fit une vive impression sur les fidèles. Ses aperçus, en même temps profonds et nouveaux, sur les matières tant de fois traitées de la sainteté, des passions et de l'Eucharistie, attirèrent la foule autour de sa chaire. S'élevait-il, comme on l'a dit, au-dessus de la portée ordinaire de ses auditeurs? Nous ne le pensons pas. L'élite des hommes suivait à merveille l'enchaînement de ses admirables discours : les femmes, plus délicates à saisir les choses de Dieu, mieux initiées aux mystères de la vie spirituelle, comprenaient et goûtaient ses belles conférences.

L'Evêque était de l'avis des fidèles : il admirait le Père Minjard, il ne se lassait pas de l'entendre, et, quand il n'était pas absent de Saint-Brieuc, il assistait exactement à toutes les prédications. Il fit plus encore pour témoigner sa satisfaction : il daigna nous prier de publier quelques études sur les conférences prêchées à la cathédrale. Le désir de Monseigneur était un ordre pour nous : nous nous mîmes à l'œuvre, et le travail qu'il attendait de notre plume était à peine ébauché, que déjà ce n'était plus qu'un hommage à déposer sur sa tombe, qu'un tribut à payer à sa mémoire vénérée !

Le samedi 21 décembre, Monseigneur conférait les saints Ordres, dans sa cathédrale, à de nombreux lévites. La cérémonie avait été longue : suivant son habitude, il avait prêché avec vigueur et énergie. Il rentra tard au palais épiscopal : au lieu d'aller dîner, il monta dans sa chambre expédier quelques affaires, et il prit ensuite très-rapidement son premier repas de la journée. A deux heures, Sa Grandeur montait en voiture, avec M. Limon, secrétaire de l'évêché, pour se rendre à dix lieues de Saint-Brieuc, au bourg du Haut-Corlay, où Elle devait, le lendemain, faire la visite pastorale et administrer la Confirmation. La température était glaciale, le froid était d'une rigueur extrême. Monseigneur, qui avait habité soixante ans de chaudes contrées, était très-sensible au froid : il ne s'en plaignit pas, et, pendant tout le trajet, sa conversation fut, comme à l'ordinaire, vive et animée.

On arriva au Haut-Corlay à six heures du soir. Ce petit bourg s'élève gracieusement au sommet d'une colline, en face de la ville de Corlay, dont il n'est séparé que par une étroite et verdoyante vallée. Il faisait nuit, le temps rigoureux ne permettait pas de faire de réception à l'église : Sa Grandeur fut reçue au presbytère par M. l'abbé Collin, recteur de la paroisse, et, après quelques instants de repos, Elle se borna, pour toute collation, à un bol de lait chaud avec un peu de pain. Pendant ce léger repas, Monseigneur causa beaucoup et très-gaiement : il parla de son récent voyage de Paris, des promesses que lui avait faites le Ministre et de l'accueil excellent qu'il avait reçu de l'Empereur. Puis, il se retira dans sa chambre, où il s'entretint quelque temps avec M. le Recteur des affaires de la fabrique et de la paroisse. Vers dix heures, le Prélat semblait fatigué : « Monsieur le Recteur, dit-il, à demain ! Il était deux heures ce matin quand » je me suis mis au lit, j'ai ordonné trente-» deux prêtres, j'ai eu quelques travaux à ter-» miner, je vais me coucher, car j'ai besoin » de repos. » Et il prit congé de l'abbé Collin.

Le lendemain eut lieu à l'église la cérémonie de la réception solennelle. Dans son discours,

M. le Recteur faisait allusion à la retraite prêchée avec succès, dans sa paroisse, par les RR. PP. Forestier et Thomas, de la Compagnie de Jésus, retraite qui avait immédiatement précédé la visite pastorale. Monseigneur, en répondant au Recteur, le félicita d'avoir appelé ces bons Pères, dont les travaux évangéliques produisent tant de fruits parmi les populations bretonnes. Puis, il exhorta les paroissiens à persévérer dans leurs bons sentiments et dans leur inviolable attachement à la Chaire de Saint-Pierre : « Soyez, disait-il, toujours unis » à votre pasteur, si fermement attaché à son » évêque, comme votre évêque est, par le fond » des entrailles, attaché au Siége Apostolique. » Prions donc, mes enfants ; prions beaucoup » pour Notre Très-Saint Père le Pape, et, s'il » le fallait, n'hésitons pas à lui venir en aide » au prix de tous les sacrifices. »

Près de deux cents enfants reçurent, après la Messe célébrée par Sa Grandeur, le sacrement de la Confirmation. Le zélé Pontife monta en chaire, suivant l'usage, et, après avoir prêché quelque temps sur la fréquente communion, il interrogea les enfants sur différentes parties du catéchisme. La cérémonie ne se termina guère qu'à midi.

M. le Recteur avait convié au repas de ce jour le clergé des environs, le Maire et la Fabrique du Haut-Corlay, le Juge de Paix du canton et plusieurs notables : il y avait trente convives. Monseigneur l'Evêque fut le plus gai de tous ; sa conversation spirituelle et enjouée animait agréablement le dîner. Une discussion plaisante s'établit, entre Sa Grandeur et le Juge de Paix de Corlay, sur la franchise relative des Bretons et des Gascons : chacun y prit part ; mais Monseigneur, qui voulait soutenir les Gascons, constata, en riant, que la majorité n'était pas avec lui. Toujours affectueux pour les enfants, il avait fait asseoir à ses côtés la petite fille de M. Pasco, notaire à Châtelaudren, qui assistait au repas avec ses parents, et il la combla de caresses et de bonbons. Enfin, il eut pour chacune des personnes présentes une parole gracieuse, et, dans cette réunion, qui devait être la dernière, il charma tous ceux qui eurent le bonheur de l'approcher.

Après les Vêpres, Monseigneur prêcha, pendant une heure, sur les dangers de l'occasion prochaine, et il donna aux parents, et spécialement aux mères de famille, de salutaires conseils. La cérémonie terminée, la nuit tombait ; il était tard, et, après quelques instants d'entretien avec M. le Recteur, le bon Evêque se disposa à partir. La foule n'avait pas quitté les abords du presbytère, et quand Monseigneur monta en voiture, elle l'acclama avec enthousiasme, en s'agenouillant. Monseigneur donna à ce bon peuple une dernière bénédiction, en lui disant en bas-breton : « *Quennavezo, ma vugalé vian ! Au revoir, mes petits enfants !* » — Le froid était plus intense encore que la veille ; la nuit était noire, et il tombait un verglas pénétrant. Monseigneur, qui s'était très-échauffé dans la journée, souffrit beaucoup dans sa voiture et se sentit glacé. Mais il ne se plaignait pas lui-même : il s'apitoyait sur le sort de son jeune cocher, qui était obligé, sur le siége de la voiture, de supporter sans abri toute la rigueur du temps. Sa Grandeur rentra à son palais épiscopal vers neuf heures et demie du soir.

Le lundi, Monseigneur ne parut pas se ressentir de la fatigue du voyage. Mais il avait eu quelques sujets de contrariété : il était visiblement préoccupé. Le mardi, dans l'après-midi, quelques symptômes de fièvre se manifestèrent : c'était peu de chose, et le laborieux Evêque ne s'en inquiéta nullement, et n'interrompit pas pour cela ses travaux accoutumés. Mais la nuit suivante fut agitée, et, malgré son désir, il fut impossible à Monseigneur d'officier pontificalement le jour de Noël. En ville, on ignorait cette indisposition de l'Evêque ; on attribuait son absence à une douleur de genou causée par des excoriations : il souffrait, en effet, des genoux ; nous avons dit ailleurs pourquoi.

Le jeudi 26 décembre, après midi, il y avait, à l'évêché, une réunion de dames de charité : le R. P. Minjard adressa à l'assistance une allocution éloquente, et exprima les regrets de Monseigneur, qu'une indisposition passagère empêchait de quitter ses appartements. En effet, l'état du vénérable Prélat s'était aggravé : à ce moment même, il éprouvait de fortes douleurs de tête et de poitrine, accompagnées d'expectorations sanguinolentes et d'un mouvement fébrile. Le docteur, qui l'avait déjà visité le matin, fut appelé de rechef. Il ordonna une application de sangsues, et Monseigneur, moins souffrant, plaisantait vers le soir avec le docteur, pendant qu'on lui appliquait ce remède. A sept heures, il semblait beaucoup mieux : il était fort gai, et, retenant sa vieille gouvernante, il engagea M. Sorbier à rejoindre, pour souper, Messieurs les Secrétaires, déclarant que, quant à lui, il allait dormir.

Ces Messieurs se mirent à table : quelques instants après, on appelle M. Sorbier; il monte et ses confrères le suivent. Quel doulourenx spectacle s'offre à leurs regards ! Monseigneur avait poussé un cri, il s'était débattu dans une convulsion dernière, et à peine si l'on avait eu le temps d'aller chercher les Huiles des mourants, que le vénérable Evêque avait rendu à Dieu son âme si pure, et si digne de la récompense suprême ! O terrible épreuve pour ses prêtres dévoués ! ô coup de foudre qui les brisa de douleur ! — Et, le lendemain matin, quand le glas funèbre apprit à notre ville étonnée la mort de son Evêque et de son père, personne ne pouvait le croire ; et quand il fallut se rendre à l'évidence, c'était un deuil général, c'était une seule et même voix de chagrin et de regrets. On disait : Est-ce possible ? lui qui était si vigoureux, si actif ! lui, si bon, si charitable, si généreux ! et l'on ne cessait d'exprimer la douleur de sa perte, que pour rendre un bien sincère hommage à ses vertus.

Pendant deux jours, l'auguste dépouille du vénérable Evêque fut exposée, sur un lit de parade, dans la chapelle de son palais. La mort l'avait pâli, mais elle ne l'avait pas défiguré :

c'était toujours cette tête souriante, cette sérénité, cette douceur et cette paix qui avaient, pendant la vie de Mgr Martial, resplendi sur le radieux visage du Prélat. La foule se pressait toute la journée dans la chapelle funéraire ; et quand le cercueil eût recouvert ces restes précieux, elle continua de venir, jusqu'au jour des obsèques, répandre des larmes et des prières dans cette enceinte sacrée.

Les obsèques furent célébrées le mercredi 31 décembre : ce fut, pour la ville et le diocèse, un jour de deuil et une lugubre fin d'année. Les écoles de la ville marchaient en tête du cortége ; toutes les congrégations religieuses de femmes venaient ensuite. Divers corps de musique faisaient entendre des airs funèbres. Le séminaire, le clergé des paroisses, une portion considérable du clergé du diocèse et les chanoines honoraires précédaient le vénérable Chapitre. Mgr l'Archevêque de Rennes présidait la cérémonie. Suivait dans un corbillard, traîné par les chevaux du Prélat, le corps de celui qui avait tant aimé cette ville de Saint-Brieuc. Les glands étaient tenus par le Préfet, le Général et les Présidents des tribunaux.

Derrière le char marchaient les représentants d'une famille désolée : le beau-frère du

Prélat, M. Taillefer-Forcade; son neveu, M. le docteur Caussade, qui étaient venus de Bordeaux rendre les derniers devoirs à celui qui était l'objet de leurs plus tendres affections. Les autorités de tous les ordres terminaient le cortége, accompagné de l'artillerie, des pompiers et de la troupe de ligne. De cinq minutes en cinq minutes, le canon tonnait en signe de deuil.—L'office fut célébré avec pompe et recueillement : tous les cœurs étaient serrés, toutes les âmes étaient profondément émues. Après une allocution de Mgr l'Archevêque, la bière fut portée processionnellement dans les nefs de cette église que le Prélat traversait en donnant toujours, avec tant de grâce et de bonté, sa bénédiction; et, les prières liturgiques ayant été dites, le corps de celui qui avait été Révérendissime et Illustrissime Seigneur Guillaume-Elisée Martial, Evêque de Saint-Brieuc et Tréguier, fut déposé sous les dalles du temple, pour attendre, à l'ombre du sanctuaire, le jour éternel de la résurrection.....

La douleur du diocèse de Saint-Brieuc, privé par un trépas subit de son Pasteur bien-aimé, devait trouver un écho sympathique dans le diocèse de Bordeaux, où tant de cœurs avaient voué à Mgr Martial une affection profonde. Sa famille, frappée l'année dernière par la mort d'une sœur chérie, recevait inopinément, et sans préambule, une effrayante nouvelle : celui qu'elle perdait, d'une façon si imprévue, était son orgueil et sa gloire. Le clergé, formé dans plusieurs de ses générations par Mgr Martial, dirigé par lui pendant vingt ans, voyait disparaître un de ses maîtres, un de ses modèles. L'éminent Cardinal, dont la grande âme fut douloureusement émue, adressa à son diocèse l'expression éloquente de ses regrets (1); suivant ses prescriptions, un service funèbre fut célébré à Bordeaux, et l'abbé Laprie, chanoine de la métropole, y retraça, à grands traits, la vie pleine de mérites de l'Evêque de Saint-Brieuc.

L'éloge de notre saint Pontife devait être prononcé aussi sous les voûtes de sa cathédrale : cette mission était réservée au savant et pieux évêque de Quimper, à Mgr René Sergent, qui, pendant l'épiscopat de Mgr Martial, avait été à même d'apprécier les vertus de son vénérable collègue. Au service solennel célébré à Saint-Brieuc le 30 janvier, Mgr Sergent prit pour texte de son panégyrique la devise même

(1) Voir à l'Appendice.

du défunt : *Traham eos in vinculis charitatis!* Il montra comment, dans sa vie de prêtre et d'évêque, Mgr Martial avait réalisé ces belles paroles du Prophète ; il rappela divers incidents qui l'avaient personnellement touché et qui lui avaient fait connaître le cœur affectueux et dévoué de notre Evêque ; enfin, après avoir parlé du dévouement inébranlable de Mgr Martial au Siége Apostolique, il exhorta ses auditeurs à suivre les traces de leur bien-aimé Pasteur, et à rester unis, à son exemple, à la Chaire indéfectible du Prince des Apôtres.

Ainsi s'était doucement éteinte une vie qui fut consacrée tout entière à Dieu et aux hommes ; ainsi, après avoir été montré au diocèse de Saint-Brieuc, Monseigneur Martial est allé recevoir la couronne gagnée par tant de vertus et de mérites ! Mais la mémoire du juste est impérissable (1), et tout ce que nous avons aimé, tout ce que nous avons admiré dans ce saint Evêque, vit et vivra dans les souvenirs des peuples, pour la gloire de Dieu et pour

(1) *In memoria æterna erit justus.* Ps. CXI. 7.

l'honneur de l'épiscopat (1). Pour de telles âmes, la mort est un gain (2); pour des consciences comme la sienne, il n'y a point de surprises. L'heure du repos avait sonné : heure toujours désirée, toujours attendue par les saints. Ils écoutent sans cesse l'appel suprême, et ils répondent : Me voici (3) ! Et leurs œuvres les suivent (4) !

FIN.

(1) *Quidquid ex eo amavimus, quidquid mirati sumus, manet mansurumque est in animis hominum.* — TACITE. Agricola. XLVI.

(2) *Mori lucrum.* PHILIPP. I. 21.

(3) *Ecce ego, quia vocasti me.* I. REG. VI. 9.

(4) *Opera enim illorum sequuntur illos.* APOC. XIV. 13.

APPENDICES.

I.

CIRCULAIRE

De Son Em. Mgr le Cardinal DONNET,

A L'OCCASION

DE LA MORT DE MONSEIGNEUR MARTIAL.

St-Christoly (Médoc), 31 décembre 1861.

MESSIEURS ET CHERS COOPÉRATEURS,

En quittant, il y a quelques jours, notre ville épiscopale, pour aller dans le bas Médoc goûter, au milieu de populations régénérées par la sainte parole, les joies les plus douces à notre âme, nous recevions une affreuse nouvelle : Monseigneur l'Evêque de Saint-Brieuc venait de mourir, frappé inopinément, et alors qu'aucun indice ne nous avait préparé à une semblable catastrophe.

Nous n'essaierons pas de vous dire notre douleur : vous la comprendrez aisément, vous qui savez les liens qui nous unissaient à ce Pontife, dont la vie, dans sa plus belle et plus féconde période, a été mêlée à la nôtre, et qui a partagé, avec un zèle qui ne s'est jamais démenti, toutes les sollicitudes et les fatigues de notre laborieux ministère. Si nous avons été, pendant ces trois dernières années, séparés par une grande distance, nous sommes restés unis par l'esprit et le cœur; entre nous existaient ces liens de douce et forte affection qui peuvent s'étendre à l'infini sans se rompre jamais.

Vous aussi, Messieurs, je ne saurais en douter, vous avez été douloureusement émus par cette perte cruelle et si inattendue. Déjà vous avez payé votre tribut de regrets et de prières à cette âme qui, pendant si longtemps, ne fut étrangère à aucun de vos intérêts; vous avez plaint votre Archevêque qui perdait un ami si sûr, une famille privée de celui qui fut sa gloire, un diocèse prématurément frappé dans l'objet de sa vénération et de son amour.

C'est parce que nous vous savons animés de sentiments semblables aux nôtres, que nous voulons, des lieux où Monseigneur Martial était plus particulièrement connu, où naguère encore il goûtait quelques jours de repos, et où nous trouvons son souvenir gravé dans tous les cœurs, qu'avaient séduits la douceur de son commerce et le charme de sa vertu, vous parler de la douleur que sa perte nous cause.

Hélas ! Messieurs et chers Coopérateurs, plusieurs fois, pendant l'année qui finit, nous aurions pu verser, comme aujourd'hui, notre âme dans la vôtre, pour trouver dans la manifestation de nos regrets un allégement à leur amertume. La mort n'a pas manqué de nous en fournir l'occasion. C'est d'abord Mgr Dufêtre, évêque de Nevers, l'ami de nos jeunes années et le compagnon fidèle de nos travaux apostoliques, que nous avons eu le malheur de perdre. Vous savez que le titre de vicaire-général l'avait attaché à l'Eglise de Bordeaux ; vous connaissez le bien qu'avaient opéré ses chaleureuses prédications dans plusieurs de nos paroisses et dans trois retraites pastorales. Mgr George, évêque de Périgueux, l'a suivi de près dans la tombe ; il a succombé chargé de mérites, et quand l'âge et la santé semblaient lui promettre de longues années. En lui notre diocèse a perdu un de ses enfants d'adoption les plus aimés, une de ses plus pures gloires ; il portait sur sa personne. comme un manteau d'honneur, le reflet de l'immense réputation laissée par son oncle, le cardinal de Cheverus. Quelques mois s'étaient à peine écoulés depuis ce dernier trépas, et Mgr de Salinis, archevêque d'Auch, nous causait un deuil nouveau. Ce prélat, à l'intelligence si élevée, à l'esprit si fin, qui déployait dans le commerce de la vie des qualités si aimables, dont le dévouement aux intérêts de l'Eglise s'inspirait à des sources si hautes, en quittant cette terre, n'a pas seulement laissé des souvenirs et des regrets au sein des deux diocèses qu'il a gouvernés: Bordeaux, qui avait une place dans sa reconnaissance et ses affections, a pris sa large part des larmes que sa mort a fait répandre.

Aujourd'hui, celle de Monseigneur Martial aura un retentissement plus douloureux encore. Tous le connaissaient et l'aimaient. Connaître et aimer M. Martial furent toujours deux choses inséparables. Le clergé, particulièrement, dont une partie l'a eu pour maître, alors qu'il prêtait à M. Lacombe le concours de son inaltérable dévouement; le clergé, qui l'a toujours accompagné de son estime et de ses sympathies pendant les années qu'il passa à la tête de la paroisse de Saint-Pierre, où ses œuvres lui conquirent l'affection générale; le clergé, qui l'a eu pour conseiller et pour ami pendant les vingt ans qu'il a passés près de nous dans l'administration diocésaine, lui gardera une fidèle reconnaissance et des sentiments qui ne s'éteindront jamais. Sa bonté était la même pour tous: elle s'épanchait également et à flots abondants sur les prêtres et les laïques. Qui n'a connu la facilité de son abord, l'aménité de ses paroles? Qui n'a été réjoui par la sérénité de son regard ? On sentait, en l'approchant, que son âme se mouvait en des régions célestes, et vivait en continuel rapport avec Dieu. Dieu était sa vie, il ne s'écarta jamais des voies qui mènent à lui. La prière, les saintes méditations, l'auguste Sacrifice, où s'épanchait sa piété, furent les sources où il aima toujours à retremper un cœur qui ne connut pas l'aridité, parce qu'il ne cessa pas d'être le sanctuaire des plus pures aspirations.

Rien, Messieurs, n'égalait la délicatesse de sa conscience : c'était même l'un des côtés les plus séduisants de sa nature. Pour la justice, il eût aisément tout sacrifié. Aller droit, sans tenir compte des considérations d'intérêt personnel, était un besoin pour lui ; aussi ce noble penchant fut-il sa constante sauvegarde. Il était un de ces justes au cœur simple dont les sentiers sont brillamment illuminés par les clartés de la conscience : *Justorum semita quasi lux splendens.*

Nous avons eu souvent occasion, Messieurs, de constater cette grande qualité de celui que nous pleurons. Toutes les actions de sa vie en étaient comme imprégnées. La droiture, aidée de l'étude et d'une élévation naturelle de pensées, fut donc toujours l'inspiratrice de sa conduite ; ce fut encore là le secret de sa sérénité au milieu des obstacles. On pourrait à ce propos lui appliquer la belle parole des *Proverbes* : Celui qui marche avec simplicité, marche avec confiance : *Qui ambulat simpliciter, ambulat confidenter.*

Cependant, Messieurs, l'énergie ne manqua jamais à cette âme si bonne et si compatissante : il la puisait à la source même de sa foi. N'est-ce pas l'Esprit-Saint qui nous enseigne que la vertu est la compagne du courage, dans ce texte remarquable : L'impie prend la fuite quand personne ne le poursuit ; mais le juste est confiant et courageux comme un lion : *Fugit impius, nemine prosequente ; justus autem, quasi leo confidens, absque terrore erit ?* Les contrariétés, les mécomptes, les résistances, ne lui ont jamais apparu que comme les longs et patients desseins de Dieu, et ne lui inspirèrent que plus de ménagements pour les hommes et les choses. Il ne connut jamais les fumées de l'orgueil, les séductions de la puissance, les entraînements, les ivresses de la lutte ; avec la pénétration que donnent la foi et l'humilité, il portait sur les graves « questions qui agitent le monde, le jugement » que ne manquera pas de ratifier le temps, ce » grand auxiliaire de l'Eglise et de la vérité. »

Mais, Messieurs, je me complais trop longuement à vous entretenir de celui qui n'est plus. Toutes ces aimables qualités que nous faisons revivre devant vos yeux, ont pu se développer sur un plus vaste théâtre : elles y ont captivé et séduit tous les cœurs. L'Eglise de Saint-Brieuc gardera toujours le souvenir de cet Evêque selon le cœur de Dieu, dont les pas ont foulé, en si peu de temps, tous les sentiers d'un vaste diocèse, dont la voix a retenti dans un grand nombre de sanctuaires, et qui avait imprimé à l'administration une allure si sage. Là aussi les peuples aimaient à contempler ce visage qui semblait couronné d'une sereine et pure auréole, ce port si digne qui commandait le respect et attirait la confiance. Nous avons été nous-même le témoin de la séduction exercée par Monseigneur Martial dans la nouvelle position que la Providence venait de lui faire. A Saint-Brieuc, comme à Bordeaux, on sut bientôt découvrir dans sa bonté, outre le don gratuit de lui-même, une pente naturelle vers le cœur des autres, une manière de se prodiguer qui déguisait le bienfait, une transparence qui permettait de voir l'homme tout entier ; on ne put pas ne pas admirer en lui ce je ne sais quoi de doux et de prévenant qui attire, et fait préférer au spectacle même du génie celui de l'indulgence unie à la vertu.

Bossuet nous peignait l'âme de notre Evêque, quand, dans son admirable langage, il s'écriait : « Lorsque Dieu forma les entrailles et le cœur » de l'homme, il y mit premièrement la bonté, » comme le caractère de la nature divine, et pour » être comme la marque de cette main bienfai- » sante dont nous sortons. La bonté devait donc » faire comme le fond de notre cœur, et devait » être, en même temps, le premier attrait que

» nous aurions en nous-mêmes pour gagner les » autres hommes. La grandeur qui vient par- » dessus, loin d'affaiblir la bonté, n'est faite » que pour la communiquer davantage, comme » une fontaine publique qu'on élève pour la ré- » pandre. »

Mais ces pensées ne peuvent qu'augmenter l'étendue de nos regrets. Dieu l'a voulu, que son saint Nom soit béni ! En nous soumettant à ses impénétrables desseins, nous ne pouvons nous empêcher de ressentir le coup qui nous a frappé, et de pleurer sur le nouveau veuvage de l'Eglise de Saint-Brieuc. Quand le diocèse de Bordeaux lui donnait l'un de ses enfants les plus aimés, et que celui-ci sortait de nos mains tout imprégné de l'onction qui fait les pontifes, nous formions d'autres vœux et nous exprimions d'autres espérances. *Ad multos annos !* disions-nous, nous faisant l'interprète des sentiments de l'assistance si sympathique qui se pressait dans notre cathédrale ; *Ad multos annos !* répétaient avec nous toutes les âmes ; *Ad multos annos !* redirent bientôt les enfants du nouvel Evêque, quand ils eurent connu les trésors de sagesse et de dévouement qu'il portait dans son cœur.

Hélas ! ces nombreuses années, le Ciel n'a pas voulu les accorder à nos instances. Celui qui devait les employer à la gloire de Dieu et au service de l'Eglise a déjà touché le terme de sa vie : il a porté peu de temps le fardeau de l'épiscopat; mais ce peu de temps lui a suffi pour fournir une longue carrière : *Consummatus in brevi, explevit tempora multa.*

Gardons, Messieurs et chers Coopérateurs, le souvenir des vertus dont il nous a donné l'exemple, et apprenons de lui à toujours vivre selon les exigences du caractère sacré dont nous sommes revêtus. En même temps, n'oublions pas d'acquitter la dette de notre affection et de notre reconnaissance. C'est par la prière et le saint Sacrifice, offert au moins une fois, que chaque prêtre du diocèse doit montrer, dans cette circonstance, les sentiments qui l'animent. Nous le demanderions instamment, si nous pensions que ce fût nécessaire, si nous ne savions que ce qui ne peut être une obligation pour personne sera un besoin pour tous les cœurs.

Nous comptons aussi beaucoup sur les prières des Communautés religieuses, en particulier de celles dont Monseigneur Martial a été si longtemps le supérieur. Nous espérons que le Petit-Séminaire, l'église de Saint-Pierre et la paroisse de Saint-Christoly, célébreront un service solennel pour le repos de son âme. Nous-même, nous lui paierons ce tribut, de concert avec notre vénérable Chapitre, dans notre église Primatiale, le vendredi 10 janvier prochain, à dix heures. Nous invitons le clergé de la ville à y assister.

L'éloge funèbre du pieux Pontife sera prononcé par M. Laprie, chanoine honoraire de la Primatiale, professeur à la faculté de théologie.

Agréez, Messieurs et chers Coopérateurs, l'assurance de mes meilleurs sentiments.

† Ferdinand Cardinal DONNET,

ARCHEVÊQUE DE BORDEAUX.

II.

DISCOURS

Prononcé par Monseigneur MARTIAL,

AU SACRE DE MONSEIGNEUR ÉPIVENT.

Euntes ergo docete omnes gentes.
MATTH. XXIX. 19.

MESSEIGNEURS, MON FRÈRE,

C'était au moment où notre divin Maître allait quitter la terre pour monter vers le Ciel, qu'il adressa à ses Apôtres les paroles que vous venez d'entendre. Dociles à la parole du Fils de Dieu, ils se retirèrent dans le cénacle, et après le jour de la Pentecôte, comme transformés sous l'influence des dons du Saint-Esprit, ils allèrent enseigner l'Evangile au monde.

Présenté au Vicaire de Jésus-Christ par le Prince qui nous gouverne, élu et préconisé évêque d'Aire par le Souverain-Pontife, vous venez aujourd'hui, au pied de cet autel, recevoir l'Esprit qui fait les apôtres. *Mutaberis in alium virum* : Une nouvelle nature va vous être donnée. Et qu'on ne s'étonne point de m'entendre parler ainsi. Saint Gatien ne dit-il pas : « Douter du pouvoir » des évêques, c'est révoquer en doute celui de » J.-C., qui réside en eux dans sa plénitude, et » qui opère avec eux dans sa toute-puissance.... » La plénitude de la puissance que J.-C. donna » aux Apôtres s'est pleinement répandue, et se » répand continuellement dans les évêques de » tous les siècles. » Saint Cyprien nous assure « que l'évêque tient dans l'Eglise, temporaire- » ment, la place de J.-C. » Je m'arrête à cette dernière parole, et omettant de citer saint Jean Chrysostôme, saint Basile, saint Sulpice et tant d'autres, j'en conclus qu'à l'évêque est adressé, d'une manière particulière, cet enseignement du Sauveur : *Quemadmodum ego feci, ita et vos faciatis*. Or, le ministère de J. C. a été un ministère de lumière, de charité et de dévouement. Tel doit être aussi celui de l'évêque.

Jésus-Christ n'a-t-il pas été la lumière du monde ? Avant le saint Evangile, où en étaient les conceptions humaines, sur ce qui constitue l'homme religieux, l'homme moral ? Et depuis que ce flambeau a été montré à la terre, quel astre plus lumineux que lui est venu éclairer le monde des intelligences ? Après dix-huit siècles, l'Evangile n'est-il pas encore, à côté de tout ce qu'on a eu l'audace de lui opposer, ce qu'est pour nous l'astre du jour mis en parallèle avec les globes lumineux suspendus à la voûte du firmament ? Or, mon Frère, c'est cette doctrine divine que vous êtes appelé à enseigner : c'est aux serviteurs de la foi, comme aux infidèles, que vous en êtes redevable. Quel trésor que celui qui est remis entre vos mains ! C'est la vérité. Gardez précieusement ce dépôt sacré, *depositum custodi*. Que rien ne vienne, par votre faute, à le corrompre au milieu de votre peuple. N'oubliez pas, qu'émanation de Dieu, la vérité, comme lui, aime à s'épancher, *sui diffusus*. Répandez-la donc avec zèle, incessamment, cette rosée mystérieuse qui féconde les âmes, cette doctrine qui communique à l'homme non-seulement des clartés inconnues à la terre, mais qui encore porte en lui une force divine pour opérer le bien : *Quotquot autem receperunt eum, dedit eis potestatem filios Dei fieri.* Moïse, Aaron, Jonas refusèrent un jour de communiquer à leurs frères les ordres de Dieu : vous connaissez les châtiments que cette faute leur mérita. Gardez-vous d'imiter leur exemple : et quoique nul homme ne soit digne d'une mission aussi sublime, ce que vous avez mis de zèle dans l'étude de la loi de Dieu, ce que vous avez consacré de veilles à la méditation des saintes Ecritures, tout ce que vous vous êtes donné de soins pour acquérir d'autres connaissances propres à vous fournir des armes en faveur de la vérité, doit vous faire espérer qu'aidé de la grâce de Dieu, et animé sans cesse d'une sainte défiance de vous-même, vous aurez le bonheur de faire luire aux yeux de tous vos enfants la lumière de l'Evangile ; de voir votre enseignement fécond et abondant en fruits de vie, de voir un jour reposer sur votre tête la couronne des apôtres. Il l'a déjà reçue, cette couronne des apôtres, celui dont vous allez recueillir l'héritage : du haut du Ciel, il contemple en ce moment, avec une joie ineffable, ce qui va se passer dans cette église, ce qui va donner à son peuple un saint Evêque.

Mais notre divin Sauveur n'a pas borné son ministère ici-bas à l'enseignement des vérités éternelles, il ne s'est pas contenté d'éclairer les intelligences : il est venu en aide aux infirmités du corps. Quelle est la douleur, quelle est la souffrance, quelle est la misère qu'il n'a pas secourue, soulagée ou guérie ? Ici, c'est un infortuné qu'il rend à la société de ses frères en le guérissant de la lèpre ; c'est un infirme, un boiteux auquel il accorde l'usage de ses membres. Là, c'est un paralytique de trente-huit ans qui, sous l'influence divine d'un mot échappé de sa bouche, se lève et emporte son grabat. Il a été le bâton de l'aveugle-né, en lui rendant la vue ; le soutien de la veuve, en séchant les larmes de cette femme de Naïm qui pleurait la mort de son fils. N'a-t-il pas été le père du peuple, en le nourrissant au désert?

Pasteur, depuis longues années, d'une paroisse où se rencontrent un grand nombre d'infortunés, vous les avez toujours aimés en père : témoin les larmes qu'ils versent à votre départ. Maintenant, c'est une affection de mère que vous devez avoir au fond du cœur pour tous les malheureux. Je m'exprime ainsi, parce que Dieu a mis dans la tendresse de la mère quelque chose de plus délicat, de plus affectueux, que dans celle de son époux. Son cœur sent plus vivement les souffrances de ses enfants ; ses entrailles en sont plus subitement, plus fortement émues ; elle s'en préoccupe, s'en afflige davantage. Quoique plus faible, c'est la mère qui veille au chevet de son fils en proie à la douleur. Voyez-la, comme sa main est plus habile que celle du père à remuer la couche de cet enfant malade ; comme est plus légère cette main, quand il s'agit de panser une plaie ! On dirait que le baume, l'huile répandue par elle sur une blessure, semble acquérir une douceur nouvelle. C'est sans doute pour cela que saint Augustin nous enseigne que la charité est une nourrice, que la charité est une mère : *Charitas nutrix, charitas mater est.* Et ne lisons-nous pas dans les saintes Ecritures que la charité a des enfants, qu'elle a des entrailles où elle les porte, qu'elle a des mamelles qu'elle leur présente, qu'elle a un lait qu'elle leur donne? Oui, mon Frère, ouvrez votre âme à toutes les grâces que Dieu veut aujourd'hui lui accorder : et votre cœur concevra des tendresses qu'il ignore encore, ressentira de saints empressements pour l'infortune, jusqu'à ce jour inconnus de lui ; Dieu vous donnera un cœur de mère. Quand le grain du laboureur est jeté dans une terre bien préparée, il produit des fruits au centuple. La plénitude du don de charité sera répandue en ce jour dans votre âme, déjà si bonne, si charitable, et y produira des fruits merveilleux de tendresse.

Aussi vois-je arriver à vous toutes les souffrances, toutes les misères, toutes les calamités; et chacun de s'écrier : Quelle est l'infortune, quel est le malheur qu'il n'a pas soulagé? *Virtus de illo exibat et sanabat omnes.* N'oubliez pas aussi que, sous la loi de grâce, Dieu fait luire son soleil sur les bons et sur les méchants ; qu'il féconde l'héritage du pervers comme celui de l'homme juste. Là où est un malheur réel, là est un membre souffrant de J.-C., là est J.-C. lui-même. Que toujours votre science soit pleine d'onction ; qu'elle ne brille que pour échauffer. Que des traits de flamme, sortis de votre bouche, aillent pénétrer les cœurs, n'oubliant pas, comme le dit un très-illustre Evêque, que la chaleur entre bien plus avant que la lumière : celle-ci ne fait qu'effleurer et dorer légèrement la surface ; la chaleur pénètre jusqu'aux entrailles, pour en tirer des fruits merveilleux et y produire des richesses inestimables. Qu'une bénigne douceur accompagne toutes vos prédications : elle leur donnera une efficace extraordinaire. Chérissez éperduement votre troupeau, car J.-C. ne vous le confie que parce qu'il croit que vous saurez aimer les âmes qu'il a tant aimées lui même : *Neque enim non amanti committeret tam amatas.* Le grand Paul n'est-il pas souvent descendu du troisième ciel pour bégayer avec les enfants ? *Facti sumus parvuli in medio vestrum.* Petit avec les petits, gentil avec les gentils, infirme avec les infirmes. S'il se plaisait quelquefois avec les forts, il savait les quitter pour courir aux besoins des faibles, se faisant tout à tous, pour les gagner tous à J.-C.

Mais le meilleur grain jeté dans une terre excellente ne produit de fruits, selon notre divin Maître, qu'autant qu'il meurt, qu'autant qu'il perd sa nature : terrible parole qui, vraie pour tous, l'est mille fois davantage pour les ministres de J.-C. Cette condition de mort à soi-même dans l'ordre des desseins de Dieu, par rapport au succès du ministère évangélique, est tellement indispensable, que notre Sauveur lui-même y a été assujetti. Ne l'avons-nous pas entendu dire à ses Disciples : *Cum autem exaltatus fuero à terra, omnia traham ad me ipsum :* Ce n'est que lorsque j'aurai été attaché à un infâme gibet, que j'attirerai tous les cœurs à moi. Est-ce que l'Apôtre ne nous dit pas : *Ut qui vivunt, jam non sibi vivant, sed ei qui pro ipsis mortuus est et resurrexit?* Est-ce que les Pères de l'Eglise nous ont donné un autre enseignement? « Quels ne doivent pas » être, s'écriait Jean Chrysostôme, la charité, le » dévouement de ceux que Dieu a faits pasteurs » des âmes ! Notre vie, ajoutait-il, est un sacri» fice de tous les jours. Pour nous, nul repos lé» gitime : craindre de s'exposer mille fois à la » mort pour le salut de son troupeau, ce n'est » point être pasteur. Jetons sans cesse les yeux » sur notre modèle, sur J.-C. Que n'a-t-il pas fait » pour ses brebis ? A-t-il épargné son sang? » N'a-t-il pas fini par le répandre tout entier » pour elles ? » Quoique non exposés maintenant aux persécutions des premiers siècles de l'Eglise, c'est pourtant encore au milieu des soins, des travaux, des perplexités de tout genre que se continue l'œuvre de J.-C., l'apostolat que vous avez à remplir. Une disposition de dévouement, d'immolation complète, vous devient donc nécessaire. Avec la grâce de la plénitude du sacerdoce, on peut tout. Au surplus, si J.-C., en ce moment, vous adressait l'interpellation qu'il fit à l'un de ses Apôtres : *Amas me*, m'aimez-vous ? quelle serait votre réponse ? Est-ce que vous ne pourriez pas, sans hésitation, vous écrier : *Scis quia amo te*, Seigneur, vous savez que je vous aime? Au défaut de vos paroles, mon Frère, tous les actes de votre vie le publieraient bien haut : *Scis quia amo te*. Or, je vous le déclare, puisqu'il en est ainsi, allez avec confiance paître les brebis du divin Pasteur. Vous aimez J.-C., cela suffit. Cet amour vous enseignera toute chose : il vous apprendra à savoir vous dévouer, vous immoler pour le bien de son peuple. Au fond de votre cœur, cet amour mettra une soif ardente du salut de vos frères, et, en présence de l'iniquité, quelque chose de ce qui se passait dans l'Apôtre.

La vue d'une ville vouée à l'idolâtrie agitera votre âme : *Incitabatur spiritus ejus in ipso, videns idololatriæ deditam civitatem*. Comme Jésus-Christ, vous répéterez souvent : *Ignem veni mittere in terram, et quid volo nisi ut accendatur?* Comme lui, vous direz à ceux qui vous conseilleraient de mettre de la modération dans le sacrifice de vous-même à Jésus-Christ : Ne craignez rien; ma nourriture, ma vie, c'est de faire l'œuvre que mon Père m'a confiée. L'amour de Jésus-Christ vous inspirera une patience, une douceur inaltérable au milieu des obstacles et des difficultés que vous pourrez rencontrer dans les œuvres de Dieu. — En ces moments de cruelles souffrances pour un cœur d'apôtre, l'amour de Jésus-Christ vous fera comprendre qu'il faut quelquefois, comme le Roi-Prophète, être un sourd qui n'entend pas, un muet qui ne parle point : *Ego autem tanquam surdus non audiebam et sicut mutus non aperiens os suum ;* qu'il ne faut pas perdre de vue de quel esprit nous devons être animés ; qu'il faut souvent rappeler ce que nous a enseigné saint Jacques, quand il a écrit « que » le laboureur, malgré l'assiduité d'un pénible » travail, a besoin, vu la dureté de la terre et » l'inégalité des saisons, d'une longue patience : » *Ecce agricola expectat pretiosum fructum terræ,* » *patienter ferens.* »

Que la pensée de si importantes obligations à remplir n'effraie point votre âme, ne jette point en elle l'épouvante, la terreur. Saint Paul s'écriait autrefois : *Cum infirmor, tunc potens sum.* Oui, malgré les marques non équivoques, unanimes et si bien méritées, d'estime, d'affection que vous a données cette multitude qui nous entoure, abîmez-vous sous l'œil de Dieu : reconnaissez avec franchise votre néant, la fragilité de la nature humaine, son impuissance à réaliser une œuvre divine, et Dieu daignera verser sur votre âme ses dons en abondance, la plénitude du sacerdoce vous sera accordée, vous serez fait apôtre de J.-C. Or, si vous vous preniez, en ce moment, à douter de ce que Dieu peut faire avec des créatures faibles comme l'homme, *inspice exemplar quod tibi monstratum est,* jetez les yeux sur les Prélats qui vous environnent : que voyez-vous dans ces Evêques qui bientôt, avec joie, vous donneront le baiser de paix et le doux nom de frère ? qu'auriez-vous vu dans ce vénérable Métropolitain, retenu malheureusement par une indisposition subite, et qui aurait été si heureux de vous bénir ? N'y a-t-il pas en leur personne sacrée une soif ardente de faire connaître Dieu et son saint Evangile, un oubli complet d'eux-mêmes pour ne songer qu'à J.-C., la plus tendre, la plus aimable charité, un amour de mère pour leurs peuples ? Admirez donc ce que la plénitude du Saint-Esprit a opéré en eux, et après l'avoir reçue, cette plénitude du Saint-Esprit, allez avec confiance réaliser à Aire les merveilles que ces saints Prélats ont opérées à Rennes, à Nantes, à Quimper. Recevant aujourd'hui l'onction sainte, Mon Frère, tout à côté des cendres vénérées de deux illustres Evêques qui vous ont estimé, aimé pendant la vie, ne perdez jamais le souvenir du zèle, du dévouement, de la tendre charité qui se trouvaient en eux, et que vous, avec tous ceux qui m'entendent, avez admirés tant de fois.

Je m'arrête. Qu'il me soit cependant permis d'ajouter un mot, pour demander excuse à tous d'avoir eu la témérité de rappeler ici les devoirs de l'Episcopat, paraissant peut-être oublier qu'il n'est pas séant de parler de ce que l'on ne connaît pas soi-même. Cela est vrai, j'en conviens : mais le malade ne peut-il pas dire ce qui constitue la santé, et raconter ce que sont capables de faire les hommes qui la possèdent dans sa plénitude ?

O saint Guillaume ! c'est sous les voûtes d'une église dont vous avez posé les premières assises que va être sacré évêque un des enfants de cette portion de l'héritage de J.-C. que vous avez tendrement aimée, arrosée de vos sueurs, fécondée par les prodiges de votre zèle. Grand Saint, venez-lui en aide à l'heure qu'il est ; secourez-le par vos prières, par vos supplications, afin qu'il soit, pour l'Eglise vers laquelle Dieu l'envoie, ce que vous avez été pour les ancêtres de ceux qui sont maintenant mon peuple. Ainsi soit-il !

III.

NOTES DIVERSES.

Nous avons reçu communication trop tard de la lettre d'un haut dignitaire ecclésiastique du diocèse de Bordeaux dont nous citons quelques extraits :

« .... Le jour de l'Assomption 1858, après la Messe à Saint-André, Mgr Martial me pria de l'accompagner. Je lui dis : « Où serez-vous sacré, Monseigneur ? — A Saint-André. — Avez-vous pensé à la place où vous serez étendu ? — Oui, me répondit-il, là où était étendu le corps de M. Lacroix. Quel rapprochement ! » ajouta-t-il, et sa figure prit l'expression d'une profonde émotion. Aussi je ne fus pas surpris, les vacances dernières, lorsqu'il me dit : « Je ne sais pas si j'ai été sacré (1) ! »

(1) Voir page 7 de cette Notice.

» Ordonné prêtre, il fut envoyé à Libourne comme vicaire ; mais, comme il était excessivement scrupuleux, il ne put y rester, et fut envoyé à Bazas, au Petit-Séminaire. Ses scrupules durèrent quelques années ; mais il s'en corrigea, par l'obéissance la plus absolue à M. Lacombe, son directeur. Il entra à Bazas en novembre 1822, et il remplit pendant un an les fonctions d'économe. Sa piété fit une impression profonde sur les élèves, et sa bonté et son affabilité lui gagnèrent tous les cœurs. Il professa ensuite deux ans la troisième et trois ans la seconde, jusqu'en septembre 1828. Il avait un talent particulier pour exciter l'émulation... J'étais alors professeur : son exemple nous excitait, et plusieurs fois je dus m'estimer heureux d'avoir demandé et suivi ses conseils.

» Par suite des ordonnances de juin, les Jésuites quittèrent Bordeaux, et le Petit-Séminaire dût venir s'installer dans le local qu'ils occupaient. M. Lacombe alla à Paris pour régler les affaires du diocèse avec le Ministre, et M. Martial fut chargé de faire transférer le matériel à Bordeaux. Ce fut pour lui un travail pénible, et qui exigea de sa part beaucoup de prudence et de tact, soit à l'égard des Bazadais, qui voyaient partir le Petit-Séminaire, soit à l'égard des Jésuites, qui quittaient notre maison.

» Alors, il devint préfet des classes. Les élèves de cette époque n'oublieront jamais son active et habile surveillance : il était partout, il était l'œil et le bras de M. Lacombe.

» Il fit, préfet des classes, ce qu'il avait fait professeur : il excitait l'émulation des maîtres et des élèves. Personne ne l'a, je ne dis pas surpassé, mais égalé. Il visitait très-souvent les classes, se rendait compte des devoirs, et je n'ai pas oublié le bonheur avec lequel il me montrait les bonnes copies des classes inférieures. C'est lui qui a établi les concours entre les deux divisions des classes.

» Il faisait la lecture spirituelle aux grands. C'était avec bonheur qu'on l'écoutait : sa parole faisait une impression profonde ; sa foi passait dans les âmes. On ne l'a pas oublié.

» Il contribua à introduire au Petit-Séminaire la dévotion à saint Joseph, et je l'ai entendu souvent s'en féliciter. Le Séminaire doit s'en féliciter aussi : vous savez que jamais nous n'avons fait la neuvaine sans obtenir quelque grâce extraordinaire.

» Avant lui, M. Lacombe avait presque tout fait seul : M. Martial a été son premier coopérateur, dans toute la force du mot. Je ne veux pas dire qu'avant lui la maison n'eût pas eu de bons professeurs et directeurs, Dieu m'en garde ; mais il eut, le premier, un véritable ascendant sur les élèves, et nul n'a mieux compris M. Lacombe et son admirable système. Il lui était dévoué au-delà de toute expression : il ne partageait pas cependant toute sa manière de voir, et je l'ai vu lutter avec force contre l'avis de M. Lacombe. Mais ce qui m'a toujours touché, ce que j'admirai toujours, c'est que, lorsque M. Lacombe avait décidé, il se dévouait à l'exécution de ses ordres comme s'il les eût provoqués. Les élèves durent s'y méprendre bien souvent. Le dévouement sans bornes a toujours été le trait caractéristique de M. Martial.

» Sa bonté envers les élèves était mêlée d'une sévérité ou plutôt d'une fermeté qui maintenait le bon ordre. Il aimait à se mêler aux élèves, à converser avec eux, et j'ai entendu depuis des hommes graves me dire : « Nous étions fiers de converser avec lui : sa conversation nous honorait à nos propres yeux. » Aussi, lorsque M. Lacombe, revenant de l'enterrement de M. le curé de Saint-Pierre, annonça, à la fin du dîner, la nomination de M. Martial à cette cure, ce fut comme un coup de foudre. Tous les élèves restèrent cloués à leur place, tous les visages étaient tristes ou plutôt consternés, et, pendant la récréation qui suivit, les jeux furent suspendus : on ne s'entretenait que de la perte que nous faisions. — Il doit vous souvenir que lorsque, le lundi 29 novembre après son sacre, il vint, pour commencer son épiscopat par le Petit-Séminaire, donner la Confirmation à nos élèves, ce fut avec une vive émotion qu'il rappela cette circonstance, un des plus doux souvenirs de sa vie.

» Ce qui donna l'idée de le tirer du Petit-Séminaire, ce fut un rhumatisme aigu dont il souffrit quelque temps avant et qui le mit en grand danger. Je ne me rappelle pas juste l'époque ; mais je sais qu'il fut long, supporté avec une patience admirable, et que ce fut pour les élèves l'occasion de lui témoigner leur reconnaissance : tous les grands voulaient le veiller. Sa famille craignit que la vie du Séminaire lui fût funeste, et M. Lacombe le fit nommer à Saint-Pierre.— Avant son départ, les élèves voulurent lui exprimer leur reconnaissance, et lui offrirent une belle étole pastorale.

» Quoique loin de nous, curé ou vicaire-général, il n'a cessé d'être l'ami et le conseiller du Petit-Séminaire.

» Monseigneur de Langalerie (1) avait été son élève en troisième et en seconde. Il m'écrivait dernièrement : « Il fut mon protecteur ; après M. Lacombe, je lui dois tout. » M. Martial avait deviné l'apôtre dans l'enfant, et lorsqu'il lui fit la première tonsure, il dit tout haut : « Henri, elle tiendra ; » et en lui-même : « C'est une tonsure d'évêque. » Il me l'a dit souvent depuis.

» J'ai peu de choses à vous dire de Saint-Pierre :

(1) Evêque actuel de Belley.

il visitait les familles qui perdaient un de leurs membres.— Sa vertu faisait une profonde impression sur tout le monde. Un jour, il faisait une levée de corps : il y avait là plusieurs avocats. L'un d'eux, en le voyant, se tourna vers ses collègues et leur dit : « *Celui-là me ferait croire.* » — Il aimait le Saint-Sacrement de l'Autel : vous savez comment, la première année, il donna une somme assez forte pour contribuer à élever de beaux reposoirs le jour de la Fête-Dieu : « C'est, me dit-il, un peu cher ; mais *propter Corpus Christi*.... »

Au Chapitre VIII de cette Notice, en parlant de l'activité inouïe de Monseigneur Martial, nous avons dit qu'il avait visité 68 paroisses la première année de son épiscopat.— Le chiffre exact des paroisses visitées en 1859 est de 84 : le digne Evêque en visita 63 en 1860, et 90 en 1861 ; en tout, 237.

TABLE.

IMPRIMERIE-LIBRAIRIE DE L. PRUD'HOMME. — 1862.

www.ingramcontent.com/pod-product-compliance
Ingram Content Group UK Ltd.
Pitfield, Milton Keynes, MK11 3LW, UK
UKHW021045200726
13857UKWH00003B/842

9 782011 771926